低碳经济框架下碳金融体系运行的机制设计与制度安排

陈　曦　岳文飞　高　月　著

吉林科学技术出版社

图书在版编目（CIP）数据

低碳经济框架下碳金融体系运行的机制设计与制度安排 / 陈曦，岳文飞，高月著 . -- 长春 : 吉林科学技术出版社 , 2021.6
ISBN 978-7-5578-8254-9

Ⅰ . ①低… Ⅱ . ①陈… ②岳… ③高… Ⅲ . ①二氧化碳—排污交易—金融体系—研究—中国 Ⅳ . ① F832.2 ② X511

中国版本图书馆 CIP 数据核字 (2021) 第 118089 号

低碳经济框架下碳金融体系运行的机制设计与制度安排

著	陈 曦　岳文飞　高 月	
副 主 编	侯 琳　黄 鹤　董丽丹	
出 版 人	宛 霞	
责 任 编 辑	王聪会	
封 面 设 计	赵 冬	
制 版	赵 冬	
幅 面 尺 寸	170mm × 240mm　1 / 16	
字 数	200千字	
印 张	10.5	
印 数	1-1500册	
版 次	2021年6月第1版	
印 次	2022年5月第2次印刷	

出 版　吉林科学技术出版社
发 行　吉林科学技术出版社
地 址　长春市净月区福祉大路5788号
邮 编　130118
电行部电话 / 传真　0431-81629529　81629530　81629531
　　　　　　　　　　81629532　81629533　81629534
储运部电话　0431-86059116
编辑部电话　0431-81629518
印 刷　保定市铭泰达印刷有限公司

书 号　ISBN　978-7-5578-8254-9
定 价　48.00元

目 录

第一章　绪　论

二十一世纪是追求全面可持续发展的新时代。当今社会，全球气候变暖的问题已经取得了人们前所未有的关注，关于如何发展低碳经济引起全社会的广泛重视，《联合国气候变化框架条约》和《京都议定书》等协议的颁布表明全世界已经开始将对环境问题的关注付诸于实际行动。作为针对气候变化采取的处理方案的关键一部分，低碳经济日益形成一种崭新的拓展模式，并成为当前政府以及理论界关注的热点问题。中国作为《京都议定书》的缔约国之一，始终严格对待气候变暖问题，不断加强对低碳经济发展的投入，加快实现粗放经济向环保型经济发展的转变。中国作为世界范围内排名第一的发展中国家，并且又是新兴工业化国家当中经济增速位列第一的，经济运行的历史背景、社会环境等因素并不是单纯的工业化改革问题，重中之重的应该是"发展方式"和"怎么发展"的问题，绝不应该单纯地追求 GDP 的增长而以牺牲环境为代价。

中国目前仍然以粗放型的经济增长方式为主，传统能源在中国发展经济过程中占据能源消耗的 80% 以上，高耗能、高放排、高污染、低效率的情况使中国经济的可持续发展面临严峻的挑战。然而，对于正处在经济飞速发展的中国，低碳经济不能简单地理解为降低石油、煤炭等传统资源的使用数量，而是更应该注重如何提高传统能源的利用效率的问题。所以，换一种视角审视中国的经济运行方式，探索适合中国低碳经济的推进架构已迫在眉睫。

而现阶段发展低碳经济不仅有赖于低碳技术的革命性突破，更离不开金融业的支撑。不仅由于技术层面上的不完善，传统资源之所以从建国起始终占有中国工业产量绝大部分比例，更根源的问题在于没有形成完善的碳金融秩序与结构安排的支撑体系。中国虽然占据着相当充足和极富发展能力的新型低碳排放能源和低碳排放市场，可在研究与发展碳金融和碳资本的方向上却几乎停滞不前。目前全球主要的四个碳交易平台（欧盟碳排放权交易机构、英国碳排放权交易机构、美国芝加哥环交所、澳洲国立信贷委托）都是发达国家引导。因此，系统研究和建立中国低碳经济发展架构下的碳金融支撑构架，不单单有利于在根源处令中国甚至全球的环保难题得以解决，而且有利于进一步推动中国转变经济运行模式的进程，提高和改善中国经济运行的速度和水平，并为政府科学决策提供参考依据。综上，此书研究具有十分重要的现实意义。

在国际经济一体化、融资自主化的环境下，国际金融业的竞争越来越强烈，各个国家都开始将目光转向低碳经济的发展，低碳经济以其环保、高效等特点受到广泛的欢迎，要增强本国融资业在全球平台上的地位，就不得不构筑秉承效率第一、重视安全的观点，在维护融资秩序平稳的原则之上促进碳金融投入。

古典融资理论和实践已无法应对低碳经济时代的要求，要想对处于气候背景下的金融体制、制度与机制给出恰当的诠释，有必要进行金融创新，以适应低碳经济的发展。基于此，文章试图站在兼顾历史与现实的全新视角上，对低碳经济下的金融业体制、制度与机制进行理论与实证分析，探寻低碳金融发展的规律性，探讨金融创新与低碳经济的互动机理，以便于为政策的制定提供微观基础，从而使政府政策的制定更为有效。

第一，关于碳金融范畴的界定。迄今为止"碳金融"始终没有一致定义。世界银行组织金融部将其定义为泛指通过购买减排量的途径对可以造成温室气体减排量的活动提供资金来源。虽然国际气候峰会以及世界银行会议对碳金融的概念进行了相关界定和描述，但由于世界上各个国家发展背景与情况各不相同，因而对碳金融的理解也不尽一致。如《碳金融—应对气候环境变化的市场解决方案》中，认为碳金融主要具有三个特征：一是其交易市场包括两类新型产品，即碳配额以及与之相关的类似产品；二是碳金融与"投资"息息相关，而风险投资与清洁能源的投资，则是其中两大组成部分；三是碳金融成为评估企业生产能力的新型标准之一，这种标准会影响他们在碳市场中的投资运行。虽然两位经济学者对碳金融进行了详尽的描述，但是，这些概念的界定只局限于碳金融在市场中的操作层面，对其本质及意义并未进行深入的研究和探讨。因而，这种定义也是比较片面的。

全世界唯一一本关于环境金融的刊物（Environmental Finance Magazine）对环境改变问题所涉及的金融问题叫做碳金融，因此碳金融包含：气候风险管理、可再生能源证书、碳排放市场和"绿色"投资等部分。2007年，相关学者发表的《碳金融：环境变化的经济对策》作为全世界最早的一部系统地对碳金融进行阐述的著作，认为碳金融的概念涵盖：构成环境金融的一个旁系；研究和碳抵制经济相关的经济风险和收益；探究能够产生对应的市场基础上的衍生品，用来转嫁气候风险和实现环境成果。

第二，碳金融与社会发展关系研究。在现实经济运行过程中，低碳经济的发展有赖于"低碳技术"的革命性突破，但更离不开"金融体系"的支撑。国外对于金融体系对低碳经济支撑的分析包括：使用交通模型，估计将拥堵、事故、非绿色气体排放等外部性内部化对交通流量的影响，并将产生的交通流量作为局部均衡模型的投入要素，以便更准确地测量交通部门对减排的贡献度，结论显示，交通部门成本有效的二氧化碳减排潜力有限。通过研究碳税的发展进程，认为应该将市场手段当做导向，对市场异构污染控制的效率效益进行量化。

相关学者阐述了 21 世纪初在欧洲期货气候交易所期货的分配和流动方式，并将其应用在动力学模型波动，猜测现实波动率，提议建立环保的数学模型，针对特殊利益集团政治、贸易内部性和跨国环境外部性，认为环护力度不足的国家与拥有较为稳定环保系统的国家相比较，可能在发展过程中遭遇障碍。此外，一些学者利用经济计量方法分析金融业对于产业以及政府实现低碳经济的影响。分析从 1870 年到 2020 年，搜集发达国家、发展中国家人均排放量，从事面板数据分析运用面板数据分析了英美碳金融货币政策的影响和证券的收益率。另一些学者还从宏观上研究了碳交易与经济发展的相互关系及作用，考察碳交易体系对不同经济体的作用与影响，他们认为虽然碳交易市场的繁荣会在一定程度上影响传统工业如钢铁、塑料、水泥等产业的发展，但碳交易对经济的长期意义而言，其必将成为未来经济发展的一种重要趋势。

第三，碳金融发展状况研究。在碳交易的发展方面，许多国外学者的研究层面也比较广泛，大多数学者都对碳交易的重要性给予了充分肯定。这反映在西方学者对碳交易问题的多重角度的研究，有的研究考虑到碳交易的途径，如在对碳交易与气候变化的关系进行深入研究的基础上，一些学者写出《碳金融——气候变化对金融的影响》一书，二人指出，以碳交易为主要特点的碳金融发展与气候变化、能源密集型产业等具有密切关系，把握好这些关系也是经济部门运行以及制定决策的重要参考。而有的研究则对私人碳交易市场的计划与管理进行了探讨，如英国经济学家在比较 EUETS 和碳税收两种方案后认为，这两种方案在碳交易的私人企业中发挥的作用各有千秋，虽然在监管中出现一些的困难和不足，但是碳交易现已跻身为降低二氧化碳排放量的一项重要媒介。而且，他们也就碳交易的市场作用进行了评价，认为碳交易具有市场的基本机制，而这些机制使私人碳交易能够有效地降低成本及风险，从而促进碳交易的进一步发展。还有一些学者侧重考察碳配额与碳排放交易价格，此方面的研究中，国外学者多通过模型完成对碳配额体系的构建，如一些学者就认为应该建立一个竞争性随机模型来推导碳配额，碳配额在不同的国家与项目的交易不尽相同，因而建立恰当的模型与机制以获取碳配额的最优价格也是碳排放权交易的重要内容之一。另一些学者还对宏观金融参量与碳配额比例彼此的关系实现模型检验，将 100 余个参量、众多的金融数据还有碳配额比例纳入其中，以探究影响碳配额价格波动的动态因素。谢瓦力尔的研究不仅对相关领域的探讨提供了有利的方式方法，也为碳配额价格的确定及改革提供了重大的参考价值。日本学者等也构筑了二氧化碳排放许可证交易的交易模型，确定了在普遍均衡模式中，交易的额外要求权定价模型，同时这种额外要求权的价格特点同普遍融资平台所体现的价格特点有巨大区别，特别是当社会成本函数和减排量相关时，碳排放权交易价格可能发生所谓的"价格突增"现象，这与相关学者猜想的排放许可证的价格实质上拥有"跳跃倾向"是吻合的，由此得出的结论是，参考 EUETS 不稳定性的情况，碳排放交易价格确实拥有复杂的变化特征，而且呈现发散式的波动，这也是投资风险加剧的重要根源。

在低碳金融衍生物方面，国外学者探究的主要方向是作为衍生金融工具的碳期权、期货等，一些学者就对碳衍生产品对碳市场的影响作出了积极的肯定，他们对欧洲的碳远期产品进行深入研究，认为欧洲碳交易市场的活跃度及有效性与碳远期产品的推出密切相关。因为碳远期交易进一步促进了碳交易市场的流动性，而且还能够将不利的风险合理地转移出去，使碳市场的参与者通过碳金融衍生品的运行与管理达到规避风险及提升利润的目标。

第四，碳金融发展的配套政策研究。除了对碳市场机制以及要素进行分析，西方学者还对碳金融配套的政策、法律等进行了研究，而这些研究的目的也都是为了降低碳市场的风险，提高碳市场的效率，因为碳市场的产品结构不同、交易管理的规则也并不一致，因此，确立统一的碳市场政策、制度意义重大。将视角放在碳市场下的监管者的监管职能上，若经济体没有确切遵循碳交易计划的要求，则管理人员具备资格与责任对其实施处罚，当下上涨的边际处罚的执行会有效地促进碳市场效益目标的达成，各地区之间要相互配合、相互联系，共同为全球气候变化政策的确立与执行不懈努力，才能使碳市场的经济环境更为统一、高效。

中国学者对碳金融的研究主要集中在碳金融的起源、属性、机制以及应用等方面，随着低碳经济的不断创新与发展，碳金融的更多具体领域也不断被挖掘，如碳金融产品、碳交易价格等，不仅注重从宏观上进行把握，在微观上也进行了不同角度的探索。第一，关于碳金融范畴的界定国内学者对于"碳金融"概念的提出较早。1995 年便提出绿色金融的概念。但期间国内对碳金融方面的研究并无太多进展，直至近年来在全球积极发展低碳经济的背景下，国内学者开始密切关注碳金融的有关分析，所以，中国相关专家针对"碳金融"迄今为止仍然未能形成一致的定义，然而阐述基本相似。相关学者曾经作出了一个相对"随意"的概念。在其看来，显而易见，碳金融无非是与碳相关的金融行为，或称为碳金融，宏观上来讲，就是环保项目金融的别称，或者大致地把碳金融当作对碳物质进行的交易。2018 年相关专家定义乃是中国较为共识的解释，他认为，一般来说，"碳金融"宏观上意味着全部为控制温室气体排放提供服务的融资行为，其中有直接金融、信贷和碳指标交易等。相关学者从宏观与微观两个层次界定了碳金融的深层含义：从微观上说，世界银行将碳金融阐述成能够供给交易温室气体减排行为的能源；宏观的碳金融指的是环境变化的平台化解决模式。另外，他们还阐述碳金融的四大特征：一是转化减排的成本为利润；二是增加国际贸易投资；三是环境风险控制与转嫁；四是融通能源链转型的资金。

第二，碳金融与社会发展关系研究。中国金融业在当代国际化的环境中不可避免地面临种种挑战，相关学者认为在当前形势下，应将碳金融与社会管理、责任紧密联系起来，倡导科学的社会责任观，平衡碳金融的利益追逐与节能减排的双重性，碳金融在为金融业提供趋利空间的同时，还创造了社会效益，塑造了良好的企业品牌形象，尤其是国内的商业银行，碳金融业务的拓展促进其多元化的收入来源，使其能主动承担相应的社会责任，成为可持续发展的重要参与者。中国金融组织迄今为止进行的碳金融项目具有举足轻重的意义。不仅促进了金融机构营销模式改革，而且形成了良好的社会地位；不仅有助于中国金融机构的连续性延伸，而且加强了中国金融机构的全球竞争能力。

第三，碳金融发展状况研究。在碳金融机构方面，中国学者将目光集中在同业银行与碳金融发展相关的研究上，如碳金融对商业银行带来的机遇与挑战。银行业应该在促进碳金融发展中积极发挥自身职能作用，首先要建立长效的低碳经济理念、管理、经营及考核机制；其次对"低碳信贷"的服务进行了改革，赋予中国碳金融商品的定价资格，令中国在参与世界碳金融相关活动中具有更大的行为能力。商业银行可以通过在国外注册公司，取得相关资格后再与国外的碳市场进行合作或交易。此外，还有一些学者也对碳金融机构进行了多个角度的研究，他们或探讨商业银行的金融产品及服务，或对其他金融组织机构，如证券公司、投资公司、保险公司等进行了研究，认为应对这些机构的人才培养、产品研发、中介服务等方面加大投入力度。

在碳交易的市场建设方面，中国是国际碳减排资源的主要供应方，但是在实际交易中却处于被动地位，缺乏碳交易的主导权和话语权，导致这一局面的根本原因是中国碳金融的发展起步较晚，且发展相对滞后，因而难以与国际金融机构抗衡。另外，中国大部分企业对国际碳金融的交易规则、机制不够熟悉，这也给中国碳交易市场带来重大损失，中国学者也清楚地认识到问题的严重性，因而也在相关对策上进行了研究。中国应该在碳交易分级市场中构建不同形式的定价方式，例如碳贸易一级市场能够构建初始碳排放权的定价方式，二级市场便构建均衡定价模式。除此之外，也需要完善碳金融市场的衍生品定价模式，从而形成全面立体化的多层次定价机制，以争取碳排放市场的定价权。由于中国的碳交易平台结构简单、层次较低，且不统一，因此应加大碳金融的强度、减排等标准的开发与制定力度。

在碳金融衍生品方面，碳基金系碳汇基金缩写，往往意味着"环保延伸机制"下排放权力交易的特有资金。但参考中国当下发展情况，中国碳基金的定义，就是侧重强调了世界碳基金的中国化。另外，参考世界碳交易平台的贸易先例，碳市场风险相对较高，必须纳入碳期货这类融资衍生商品。同时因为二氧化碳排放权力拥有明显相似性、交易方便、市场交易者较多、价格震荡频繁等特点，同样适合涉及期权这类衍生商品交易，并且构筑碳期货交易平台还能够倚赖它的价格发现特点，使得现货交易给政府和有关公司给予相对可信的价格指引。在二级平台的 CDM 交易平台上，重点的交易商品为诸如远期、近期。因为碳期权交易的根本资金为碳期货交易，碳信用期货交易价格对期权价格和期权交易中最终价格的厘定都有着举足轻重意义。针对"碳币"的定义，"碳币"代表世界范围内每吨二氧化碳排放权力的价值。具体排放量低于二氧化碳排放额度的"节约量"，即这一阶段碳币的总和，也就是此节约量等同于本国的一笔附加资本，亦即碳币。但为了厘定不同国家碳币的兑换标准，应该让各国碳币与一个标准品质的碳货币等价，例如，"黄金标准"碳信用，接下来根据彼此品质规定含碳量，据此认定。一国货币的发展，往往同世界大宗贸易，尤其是能源定价和结算固定权密切相连，从上上世纪"焦炭＝英镑""原油＝美金"，到当下的"碳交易=X"，展示了一条世界主权币种与能源交易的绑定趋势及同向性。在碳货币建设问题上，学者们认为，首先应认清其涉及到世界货币发行的主权体系问题，因为在大部分国家都意欲通过碳金融这一经济热潮来提升本国货币国际地位的情况下，碳货币体系的建立使本国货币有可能在重建国际金融秩序中作为碳交易的计价、结算货币，因此，中国要抓住这一机遇，就必须要积极参与国际碳交易的规则协商与制订，争取获得主动权。

第四，碳金融发展的配套政策研究。"碳金融"的发展离不开适宜的环境和条件，所以，需要有关政策的鼓励。金融政策的必要性、迫切性。近年来，更是有了深入的关于碳金融相关政策的分析。有五个方面需要特别注意：一是构筑交易平台，深入分析排放配额方案与发展碳减排额度交易平台；二是扩大传媒范围，令公司足够认识到 CDM 模式与环保项目中包含的潜在发展；三是促进政策分析；四是开拓中介平台，需要激励民间组织和金融机构涉足；五是创立奖惩体系，确立一整套标准、条例，提供对应的投资、税收、信贷模式指导等政策，鼓励金融机构加入环保低碳领域的相关活动，以支撑低碳经济的发展。中国政府应充分发挥行政领导职能，与金融监管部门根据可持续发展的原则制订一系列科学完整的规则与标准，并且及时有效地协调政府部门与金融机构的关系。低碳金融在中国发展的困难主要有：政策困难、技术困难、融资瓶颈与交易平台障碍。他认为，对于低碳金融建设的支持，政府政策制定者需要分析几个方面：一是要有健全的、久远的碳定价机制，令平台对碳价格具备一个长期平稳的估计；二是金融机构积极研究开发碳金融商品从而适应平台要求；三是国家要通过其他的公募基金促进个人低碳投资的提升；四是国家要增强碳信息和碳排放数据公开化的强度，同时要增强对现在已经采取措施的低碳主体的认可力度，这是维护平台信心很关键的一方面。碳金融发展不仅与国内法制构建有关，还要与国际碳金融的整体环境紧密联系，如外汇立法、碳关税法等，以确保中国碳金融市场规范化经营与运作。在财政政策方面，一是构筑财政减排基金以针对低碳方案的研发与实践，同时设计鼓励企业发展低碳节能减排技术的方案；二是促进节能方面人才培养与组织构筑，培养公司 CEO 的节能意识与态度，形成高层次的节能探索团队；三是建立节能城市与节能地区试验点；四是促进对碳金融的指导规范，构筑国家、传媒、公司与人民彼此协作的传媒体系，鼓励有利于促进低碳经济发展的生产和生活模式。

从国内外对碳金融的研究综述中我们可以看出，已有的国内外研究文献尚存在一些有待研究的问题。虽然学者们对碳金融各个方面的探索已经相当深入、成熟，但很多问题都还未得到妥善解决。从研究内容来看：首先，对于最基本的碳金融的内涵与属性，目前仍无法达成一致的界定，这一基本概念经常被与"绿色金融""碳交易"等混作一谈，因此，只有在确定碳金融的准确认知的前提下，才能进一步讨论碳金融制度、市场、价格等各方面的问题；其次，对于碳市场中如何制定合理的制度政策以提高碳市场的稳定性及运行效率，以及碳市场之间的各种复杂机制如何共同作用进而影响碳金融的发展，碳市场中存在哪些风险因素，而这些因素又将如何对碳市场产生影响，同时，影响的比例又如何等等，这些都有待于进一步的发现与实践的检验；再次，对碳金融市场监管缺乏深入的研究。中国碳金融市场监管较为混乱，缺乏有效的制度与执行力度，而碳金融的市场监管不仅有利于加强中国碳金融的基础，提高中国碳金融的国际竞争力，更有利于提升中国低碳经济发展的理念；最后，缺少与碳金融相关联的产业与领域的研究，因其联动范围与层次不同，因而研究也会更为复杂，如何通过碳金融推进区域经济也是学者需要进一步探索的问题。从研究方法来看：已有的研究多注重从定性层次分析制度与运行模式，但几乎不考虑对有关融资主体的活动有何影响，倾向研究制度自身。在为数不多的实证分析中，大部分参照总量数据进行验证假说，而对于各省份的研究尚待深入。另一方面，研究的角度过于雷同，基本上都是对低碳经济和碳金融的当下状况和发展历程进行总结。所以，现在不单纯需要根据宏观经济数据分析碳金融与经济发展的总量问题，更需要通过微观计量分析等途径探究碳金融在不同层面的作用机制，采用社会学、人类学中的分析手段进行变量确定、框架建立、模型求解、结论分析。可见，以上研究内容与研究方法的欠缺为文章的研究留下了广阔空间。所以，在世界范围内以现有分析成果为依据，对于进一步分析低碳经济下的金融支撑结构，特别是进行有价值的实证研究是十分必要的。

文章的研究依据低碳经济学理论、低碳经济的金融支持理论、环境资源价值理论、制度经济学理论、公共管理理论等经济学理论，在梳理国内外碳金融发展脉络的基础上，充分借鉴国内外发达与发展中国家碳金融发展的先进经验、理念、机制与制度安排，总结中国碳金融发展路程中存在的问题及其他国家带给我们的启示，在此基础上，探究中国碳金融进一步深入发展的机制设计与制度安排，并分析其发展对宏观经济及产业的影响效应，进而提出促进碳金融及低碳经济发展的配套政策安排。

文章研究方法将按以下几种：第一，文献研究法。通过研读大量国内外的相关文献，从而在整体上把握国内外相关论题的研究现状及不足之处，争取在前人优秀成果的基础上，能够有自己一定程度的创新。第二，比较研究法。文章通过吸收借鉴国外碳金融发展的先进经验、理念及方法，并结合当前中国的实际国情，进行恰当的运用，为中国碳金融的发展提供行之有效的策略参考和依据。第三，实地调研法与规范分析相结合。文章试图从两种方法联系的角度入手，将碳金融理论研究与碳金融发展实践进行交叉，通过对碳金融实际问题的现实分析，在阐述"是什么"的基础上，给予"如何做"的应对方案，注重在实践中验证理论的可行性，同时通过实践丰富和深化理论。第四，定量分析与定性分析。对于碳金融支持低碳经济发展的研究必须把两者结合起来。文章力图通过运用统计方法（经济模型）、图表、个案分析等工具，对相关研究进行模型处理，增强研究结果的实用性和验证性，有助于更好地定性分析碳金融支持低碳经济发展的状况。此方法主要用于碳金融实施的产业结构调整效应及碳金融实施的经济协同效应分析，能够为中国碳金融发展的配套政策的制定提供一定的参考。

文章可能实现的创新：第一，研究内容创新。文章从碳金融机制设计及制度安排两个视角出发，提出建立市场机制与政府制度安排相结合的适应低碳经济发展要求的碳金融支持模式，系统分析低碳经济架构下的银行业、绿色保险、金融市场、碳交易定价机制以及货币政策、金融监管等制度建立问题，应对了中国金融系统在新型碳金融体系中"如何发展"的难题，为有效决策给予有力帮助。第二，对策思路的创新。研究把碳金融发展与低碳经济发展作为一条发展路径，提出构建低碳经济金融支持模式及其相应的保障措施，在实践上就构建低碳经济金融支持体系提出一系列具有很强针对性的配套政策举措。第三，研究方法创新。尝试运用适合中国低碳经济金融支持的研究方式和方法体系。

研究方式上，进行从理论到实践的逐步推进性的分析，首先针对国际诸国的碳金融实施现状进行比较性的研究，再结合中国碳金融发展的实际进行实践性的研究。避免了当下大部分研究依然只能够在概念介绍与定性研究层面戛然而止，相反地，依照实证研究途径，定性与定量研究相交叉，通过对比分析法、模型探索法，以理论为依据，通过定量研究与实证依据为媒介，注重理论分析与数理模型分析相结合、实地调研法与规范分析相结合，全面系统地研究怎样构筑中国新型碳金融支撑模式。

文章分析研究的关键难点在于以下三个方面：其一，由于中国低碳经济研究刚刚起步，许多问题的研究还仅仅停留在制度层面，很多相应的机构和数据库没有建立，尤其是大量中小企业和农村企业的数据没有被列入考虑范围，许多有价值的数据获取非常困难，而中国碳金融体系实施的经济效应及其对产业结构调整所带来的产出效应的测度分析两方面研究，均需要做大量的数据整理与分析工作，在选择测度的范围以及条件上进行科学合理的筛选与分配，然后对所搜集的资料与信息进行与协同效应的比对工作，将条件避免地面临深入分析研究，另外，还需要对各种情况建立不同的测度分析，从而得出正确的结论。故文章的实证结果可能很难精准。其二，中国目前没有建立一个完整的与碳排放相关的数据库，因此在配套碳财政政策方面，如何定量描述企业碳排放是否需要加以税收限制或给予财政补贴可能存在不确定性。其三，碳排放权定价机理复杂，受风险、排碳成本和政府政策影响明显，很难准确量化不确定性因素，理清价格背后的决定机理。

一、《联合国气候变化框架公约》

为了给各国决策者提供关于气候变化的权威科学信息，联合国环境规划署（UNEP）与世界气象组织（WMO）曾经共同成立了政府间气候变化专门委员会，其主要职责是评价人类对气候变化的科学认识的最新进展，评估气候变化对环境和社会经济可能造成的影响，并提出切合实际的政策建议。政府间气候变化专门委员会在1990年发表了一篇报告，该报告的结论是：由人类活动所排放的温室气体在大气中不断累积，如果不采取措施限制温室气体的排放，到下个100年之前"将导致地球表面在平均意义上的额外变暖"，世界各国应尽快达成一个国际协议来应对气候变化对人类社会带来的威胁。

联合国环境与发展大会（也称"地球峰会"）曾经在里约热内卢召开，在此次大会上，各国代表签署了《联合国气候变化框架公约》。把大气中的温室气体浓度稳定在一个安全水平成为公约的"最终目标"。为达到这一目标，所有国家都需要：应对气候变化，采取措施来适应气候变化的影响，提交有关执行框架公约的国家行动报告。1994 年 3 月，《联合国气候变化框架公约》已经收到 186 个国家和区域一体化组织的正式批准文件，正式生效。《联合国气候变化框架公约》将全球各国分成两组："附件 I 国家"，即那些对气候变化负有最大历史责任的工业化国家；主要由发展中国家构成的"非附件 I 国家"。公约根据公平原则以及"共同但有区别的责任"原则，要求"附件 I 国家"首先采取行动，因为"附件 I 国家"人口仅占世界的 22%，其排放的温室气体量却占世界的 66%。公约要求"附件 I 国家"在 2000 年底以前将温室气体排放量减少到本国 1990 年的排放水平，而且必须定期提交"国家信息通报"，详细说明本国的气候变化政策和规划，以及本国温室气体排放的年度清单报告。

二、《京都议定书》

为落实《联合国气候变化框架公约》，1997 年 12 月，在日本京都，149 个国家和地区的代表召开了《联合国气候变化框架公约》缔约方第三次会议，会议通过了目的在于限制发达国家温室气体排放量以此来抑制全球变暖的《京都议定书》。《京都议定书》给 38 个工业化国家规定了限排义务，该限排义务具有法律约束力，即这 38 个工业化国家应该在 2008 年到 2012 年的承诺期内，排放的二氧化碳等 6 种温室气体的数量，要在 1990 年的基础上减少 5.2%。而发展中国家没有减排义务。

2005 年 2 月 16 日，《京都议定书》正式生效，开创了人类历史上首次以法规形式限制温室气体排放的先河。此外，《京都议定书》还有一个开创性的突破，在于建立了能够让市场发挥作用的"合作机制"。由于无论在地球上哪个地方实现温室气体减排，其对全球气候变化的作用都是相同的，根据一般经济学原理，人类应该把温室气体减排活动地点选择在减排成本最低的地方，以实现用以最小的成本获得最大的温室气体减排量。基于上述考虑，《京都议定书》引入了三个基于市场的合作机制，即 IET（International Emission Trading，国际排放贸易）、JI（Joint Implementation，联合履行机制）和 CDM（Clean Development Mechanism，清洁发展机制）。

三、清洁发展机制

在《京都议定书》提出的三种合作机制中，只有清洁发展机制是在"附件 I 国家"和"非附件 I 国家"之间进行的互利机制，通过该机制，发达国家企业可以通过协助发展中国家减少温室气体的排放，来换取"经核证的减排量"，并以此抵减本国的温室气体减排义务。CDM 在发达国家和发展中国家中实现双赢，对发达国家来说，通过清洁发展机制可以远低于其国内所需的成本兑现

《京都议定书》规定的减排指标，节省大量的资金;同时，对于发展中国家而言，通过清洁发展机制项目可以获得节能减排所需的资金支持和先进技术，有利于发展中国家的经济发展与环境保护，实现可持续发展。

清洁发展机制的主要目的在于，促进工业化国家的政府机构和商业组织对发展中国家的环境进行友好投资，帮助发展中国家达到经济、社会、环境和谐、可持续发展的目标，促进农村发展、增加就业、消除贫困以及降低对矿物燃料的依赖等，最终在发达国家和发展中国家之间实现双赢。

四、"碳金融"定义

碳金融是指服务于旨在减少温室气体排放的各种金融制度安排和金融交易活动，主要包括碳排放权及其衍生品的交易和投资、低碳项目开发的投融资及其他相关的金融中介活动。碳金融可以分为四个层次：第一，贷款类碳金融，主要指银行等金融中介对低碳项目进行的投融资。第二，资本类碳金融，主要指针对低碳项目的风险投资以及在资本市场的上市融资。第三，交易类碳金融，主要指碳排放权的实物交易。第四，投机类碳金融，主要指碳排放权和其他碳金融衍生品的交易和投资。前三个层次为传统意义上的碳金融，第四个层次则是对传统碳金融产品的衍生或衍生组合。

五、碳金融市场的形成

通过清洁发展机制，碳排放权可以进行交易、投资或投机，随着碳交易的迅速发展，服务于碳排放交易的金融业务和衍生产品应运而生，从而形成了一个特殊的金融市场——碳金融市场。相对于发展中国家，发达国家在本国实施温室气体减排需要付出高额的成本，使得发达国家实际减排进展缓慢。以日本为例，1990 年二氧化碳排放量为 12.4 亿吨，按《京都议定书》规定日本 2008 年排放量应减为 11.6 亿吨，但其 2002 年的排放量已达 13.3 亿吨，不仅没有减少，与基准年相比反倒增加了 7.6%。为了降低减排成本，实现减排目标，发达国家希望通过国际合作机制来实现减排。据世界银行统计，全球碳交易量从 2005 年的 7.1 亿吨上升到 2008 年的 48.1 亿吨，年均增长率达到 89.2%;碳交易额从 2005 年的 108.6 亿美元上升到 2008 年的 1263.5 亿美元，年均增长率高达 126.6%。联合国和世界银行预测，2012 年全球碳交易市场容量为 1400 亿欧元（约合 1900 亿美元），全球碳交易市场容量将超过石油市场，成为世界第一大交易市场，而碳排放额度也将取代石油成为世界第一大商品。碳排放权交易以及碳金融的前景可想而知。

我国是世界上最大的发展中国家，我国的温室气体排放总量已占到全球市场的 1/3 左右，居世界第二位，预计到 2020 年左右，中国的温室气体净排放量将与美国相当。对于发达国家来讲，能源结构的调整，高耗能产业的技术改造和设备更新都需要高昂的成本，温室气体的减排成本在 100 美元 / 吨碳以上。根据日本 AIM 经济模型测算，在日本境内减少 1 吨二氧化碳的边际成本为 234 美元，美国为 153 美元 / 吨碳，经合组织中的欧洲国家为 198 美元 / 吨碳。当日本要达到在 1990 年基础上减排 6% 温室气体的目标时，将损失 GDP 发展量的 0.25%O 而发展中国家的平均减排成本仅几美元至几十美元，如果是在中国进行 CDM 活动的话，可降到 20 美元 / 吨碳。这种巨大的减排成本差异，促使发达国家的企业积极进入我国寻找温室气体减排合作项目。根据《京都议定书》相关约定，我国作为发展中国家，在 2012 年以前无需承担减排义务，也就是意味着在我国境内所有减排的温室气体量，都可以通过清洁发展机制转变成有价商品，出售给发达国家，我国碳交易及其衍生的市场发展前景非常广阔。

第二章 金融体系与碳金融

一、金融体系定义

"金融体系"一词被广泛使用，但国内外学者对之的定义不尽相同。美国金融学家指出："金融市场和金融机构合称为经济中的金融部门，金融工具、金融市场、金融机构和有关规则四个方面就构成了金融体系。"中国人民大学一位教授在其所著《金融——词义、学科、形势、方法及其他》一书中认为，金融体系有五个基本构成要素，即金融制度、金融机构、金融工具、金融市场及金融调控机制。中南财经政法大学新华金融保险学院院长认为，金融体系有广义和狭义之分，从广义上看，金融体系是指各种金融机构、金融工具、金融市场、金融规则以及金融调控和监管架构的总和或统称，从狭义上来说，金融体系是金融机构和金融市场的复合体。

二、金融体系规划

金融体系通常规模庞大、分工精细，是市场经济体系中不可缺少的重要组成部分。金融体系主要由金融机构和金融市场两部分组成，作为联结金融机构和金融市场纽带的金融工具和协调两者关系的金融规则，也是金融体系的重要内容。

金融机构是金融体系的"细胞"。金融机构是资金融通的媒介和金融服务的供应者。金融市场是金融体系的"土壤"。金融市场是进行货币借贷、办理各种票据和有价证券买卖的场所，通过金融市场上的交易活动，实现资金融通。金融市场通常包括货币市场、资本市场、外汇市场、黄金市场等。货币市场和资本市场通常是按融资期限来划分的，融资期限在一年以内的为货币市场，融资期限在一年以上的是资本市场。资金盈余（或短缺）单位以及其他金融服务的需求者是金融体系的"家庭成员"。企业、居民、政府和外国经济单位作为资金盈余或短缺单位，作为金融服务的需求者，成为金融体系的重要组成部分。金融工具和金融规则都是金融体系的重要内容。金融机构和金融市场都不是抽象的概念，金融工具（或金融产品）由金融机构创造和提供，并在金融市场上进行买卖，因此，金融工具是联结金融机构和金融市场的"纽带"。金融机构和金融市场的运行都离不开金融规则，完整、健全的制度规则既可以保证金融机构稳健经营和金融市场的效率，同时还可以使金融机构与金融市场相互适应与协调。

三、功能金融理论

美国斯隆管理学院教授曾经提出功能金融理论，该理论被广泛运用于金融对经济增长的研究中。文章试图从功能金融观点，即功能视角出发来研究构建我国碳金融体系，金融功能理论是文章的基本理论依据。在传统金融理论中，金融要发挥其对经济增长的功能必须在现有的金融结构框架下进行。这种根据现有的金融该机构赋予其相应的功能，并通过其行为绩效判断其功能实现的效应的观点被"机构观点"。持该观点的人认为：现存的金融市场活动主题及金融组织是既定的，并有与之相配套的金融规章和法律来规范其运行。现有的金融机构和监管部门都力图维持原有的组织机构的稳定性，有关金融体系的所有问题，都应在这种既定的框架下解决，即使牺牲效率也是值得的。上述观点存在的明显缺陷是：当经营环境的变化以及这些组织机构赖以存在的基础技术以较快的速度进行革新时，由于与其相关的法律和规章制度的制定滞后于其变化，金融组织的运行将会变得无序。针对这一缺陷，相关专家提出了功能金融观点理论。

功能金融理论有两个基本假设：第一，金融功能比金融机构更加稳定，随着时间的递延和区域的变化，金融功能的变化要小于金融机构的变化；第二，金融机构的功能比金融机构的组织更加重要，只有金融机构不断创新和竞争才能最终导致金融体系有着更强的功能和效率。

相关学者认为，首先应该确定金融体系应该具备哪些经济功能，然后根据这些经济功能去寻找一种合适的组织机构。而一种组织机构是否最好又取决于时机与技术。金融体系主要提供以下六大功能：第一，清算和支付结算的功能，即金融体系提供了完成商品、服务和资产交易的清算和支付结算的方法。传统的支付体系可以提供这种服务，各种金融创新，包括一些衍生工具也具有清算、支付和结算的功能。相关学者还建议使用一种新创的外汇衍生工具，以减少或消除传统的外汇交易与结算中具有的由于区滞后而引致的信用风险。在他们看来，不同的金融工具在功能上可以互相替代，但是运作它们的金融机构是很不同的。第二，聚集和分配资源的功能，即金融体系具有的为企业或家庭聚集或筹集资金，为企业或家庭的资源重新有效分配的功能。积聚或筹集资金可以有两种方式，一是通过完善的金融市场直接筹集，一是通过金融中介间接筹集。通过中介筹集的好处是便于全过程的监控，可以得到企业或家庭通常难以得到的信息，其缺陷为成本较高，这包括由于一些业务风险与收益不对称造成的损失所形成的成本。而证券化方式（即通过金融市场的方式）的长处是成本较低，风险收益对称，风险更为分散，其缺点为监控能力较弱。第三，在不同时间和不同空间之间转移资源的功能，相关学者特别强调了证券化在这方面的作用，他们以美国的抵押贷款市场的发展为例，说明美国的抵押贷款之所以可以从一个社区内小规模的金融活动发展成一巨大的全国乃至世界性的抵押贷款市场，主要得益于抵押贷款证券化的发展有效地解决了信息不对称的问题。第四，管理风险的功能，金融体系既可以提供管理和配置风险的方法，又是管理和配置风险的核心。风险的管理和配置会增加企业与家庭的福利，当利率，汇率和商品价格的波幅较高时，会相应提高风险管理和配置的潜在收益；而计算机和金融技术方面的进步降低了交易成本，这又使更大范围的风险管理和配置成为可能。因此，风险管理和配置能力的发展使金融交易的融资和风险负担得以分离，从而使企业与家庭能够选择他们愿意承担的风险，回避他们不愿承担的风险。第五，提供信息的功能，必要的信息是协调各个经济部门分散决策的重要条件，而金融体系就是一个重要的信息来源。企业与家庭根据金融市场观察到的利率和资产价格进行资产配置和消费储蓄的决策，利率和资产价格也是企业选择投资项目和融资的重要信号。资产收益的波动率是现代金融理论中量化风险的基本指标，也是与风险管理和战略性融投资决策的关键性信息。一般的说，金融市场上交易的金融工具越完善而多样，可以从它们的价格中获取的信息就越多；而信息越丰富，就越有利于资源配置的决策。第六，解决激励问题的功能，这里的激励问题实际就是股份制公司的委托代理问题，激励问题的存在会增加社会成本，而通过金融创新可以有效地缓解激励问题。相关学者认为，激励问题是无处不在的，它们的影响已经渗入到几乎所有的企业融投资的决策当中。激励问题影响着企业外部融资的数量和合约的实质、影响着公司风险管理方案的收益和目标、影响着企业投资的类型和规模，也影响着企业用来评价投资的收益率标准。因此，激励问题是内生的。但是，相关学者又指出，金融体系对激励问题的反应也是内生的。他们认为，公司证券和投资政策可以在考虑激励问题的前提下加以精心设计，尤其是可以利用衍生工具来帮助企业更有效地利用金融资源，解决激励问题。其实，推动衍生工具发展的动力就是减少激励问题的需要，譬如，可转换债券和股票期权。应该说，在这方面已经取得了很大的进展。当然，他们也同意，在运用更恰当的融资、投资和风险管理政策以减少解决激励问题的成本方面还有很长的一段路要走。

功能观点适用于整个体系层面、机构层面、经营层面和产品层面。从体系层面来看，为了使一国金融体系更好地履行其经济功能，必须具备与这一功能目标相适应的产品形态结构、机构形态结构和市场形态结构；从机构层面来看，金融机构形态履行各种功能不应由政府当局人为划定，而应该由市场和这一机构的核心优势来决定，来执行一项和多项任务，如何将金融功能与金融机构进行有效的匹配是任何国家设计金融体系时必须先解决的问题；从经营层面来看，某一金融活动通常是几种金融功能的组合体。随着市场环境的变化，某类金融业务出现功能性分化和功能性重新组合应属于合理的正常现象；从产品层面来看，同一金融功能由不同的产品形态来执行。可见，一项金融功能可以由不同的金融机构来执行，一种金融机构也可以同时执行几项金融功能。一项金融功能还可以分解由不同的金融机构来执行，同样，一种金融机构也可以通过拆分来行使某一种职能。

功能金融理论对研究我国碳金融体系构建具有重要意义。由于碳金融机构会随着时间、空间的位移和基础技术的更新换代表现出不同的组织形式和运行方式。因此，从碳金融组织形式以及与此相关的金融制度来研究碳金融对低碳经济的增长作用或者说碳金融组织体系的稳定性和效率性，指导意义不强，相反，由于碳金融体系的金融功能具有相对的稳定性，因此，不被现有金融组织、制度等所限制，根据碳金融组织体系的金融功能发挥程度，来对我国碳金融组织体系的构建进行研究得出的结论更加具有前瞻性。

第三章　碳金融支持低碳经济的理论考察

一、低碳经济学理论

低碳经济学从属于环境经济学，而环境经济学作为经济学的一个分支学科，是研究经济发展和环境保护两者间关系的学科，界于经济学和环境科学的交叉地带。二十世纪五十年代，西方发达国家环境污染的问题急剧加速，使得经济学家和生态环境方面的专家不得不质疑传统经济学的局限性，于是开始从一个全新的角度认识环境与经济问题，将环境和生态科学的内容引入到经济学研究之中，建立了一门新兴学科—环境经济学。环境经济学的形成和发展，一方面在环境学科学的基础上增加经济分析的内容，使得环境科学的内容得以扩充；另一方面，由于经济学融入环境科学，使得经济学也变得更加现实及客观，因此经济学对现实世界中社会现象和人类行为的解释能力也得以增强。

随着时代的发展，环境经济学被介绍到中国。虽然环境经济学在中国引进时间较晚，但是其基础理论以及前沿研究成果都得以在中国迅速发展。将环境经济学与中国实际相结合，也使得其在中国取得重大的进步。在中国，环境经济学的发展路径有以下两个方向：一是独立发展，即作为独立学科进行理论研究和教育完善；二是结合发展，即与中国经济、环境相关政策相结合，使得环境经济学具有现实意义。环境经济学无论是单独发展亦或是结合发展都体现了其鲜明的特点：将经济学融入环境学中，将环境问题经济学化，分析相关环境问题的经济内涵，提出具有实际经济意义的环境发展政策。环境经济学的基本理论主要由可持续发展理论、外部性理论及环境经济手段等理论构成。

（一）可持续发展理论

可持续发展理论是结合理论基础和现实依据得出的新兴科学理论，其核心是强调人类在发展经济的过程中要对自然资源合理利用，实现与自然的和谐相处。在过去的经济发展进程中，人类传统地认为自然资源是没有经济价值的公共物品，可以取之不尽，用之不竭。然而随着经济社会的向前发展，自然资源不断减少，人口和对自然资源的消耗日益加剧，由此给环境带来的负担的加重也越发制约全社会的经济增长。因此，有学者认为应该对自然资源赋予经济价值，将其纳入整个经济核算体系，从而抑制人们对自然资源的破坏和浪费，保护我们赖以生存的环境。可持续发展理论便应运而生，它指出人类的经济社会发展需要高效利用自然环境中的各个组成部分，完善可持续的自我调节能力，建立人与自然的和谐共生关系。随着人类对全球气候变暖的日益关注，可持续发展理论也进一步得到认可和丰富。

（二）外部性理论

外部性（externality）首次出现在《经济学原理》（1890）中，其中第一次提到关于"外部经济"（external economics）的相关概念。自那之后，全世界开始对外部性进行激烈的探讨。经济学家一直试图从产生主体以及采纳主体两个层次认识"外部经济性"的定义。诺德豪斯在产生主体的层面阐述了外部经济性，也就是"外部性（或溢出效应）指的是企业或个人向市场之外的其他人所强加的成本或收益"。兰德尔在被动接受主体层次阐述了外部经济性，也就是"外部经济性是进行解释当一个活动的一定的效率和成本不在避免地面临区域内的情况中所出现的低效率情况，即一些效益被赋予，以及部分成本被强制给未参与此决策的人"。我国学者则认为，无论是从产生主体角度还是从接受主体角度来说，外部性的本质是一样的，然而大多数的相关研究都是以萨缪尔森概念为主。外部性指的是现实世界中一个经济主体对另外一个经济主体的影响，且影响是相互的。此类影响并不能直接反映在价格中，而是对另一经济主体的经济环境及利益造成影响。外部性可以按照影响范围以及影响效果进行分类。若从前者的角度看，外部经济性能够划分为消费外部性与生产外部性；如果通过后者的方向出发，外部经济性能够分为外部经济性和外部不经济性。这里边外部经济性即指经济学中常提到的"外部经济"，即在受益者无需有任何花费的情况下，经济主体行为使得其他主体获得经济利益。相反，负外部性即为"外部不经济"，即经济主体在无须支付任何成本的情况下，对其他主体造成损害。碳排放具有典型的负外部性，不仅是在中央政府层面，包括地方政府、公司、私人等经济主体在内的其他层面，在从事经济活动和进行日常生活的过程中均产生了无偿碳排放，对环境造成污染，对气候造成影响，而政府在治理过程中投入了巨额的成本，使得个人成本与国家成本、个人利益与国家利益形成极度不协调，导致产生成本外溢。因此，应该对私人成本和社会成本的差额进行经济补偿，从而提高整个社会的福利水平。发展低碳经济的根本目标是解决高能耗、高排放导致的气候恶化问题，通过经济环境政策可使外部性问题内部化。

（三）环境经济手段

环境经济手段可以被界定如下："从影响成本效益入手，引导经济当事人进行选择，以便最终有利于环境的一种手段。"有关气候问题的外部效应内部化的经济学知识涵盖庇古税与科斯定理。在环境经济手段的分类上，经济学家有各自不同的看法。比较有代表性的一种分类方法将环境经济手段主要分为两类：一类为市场途径，也就是知名的科斯定理；第二类为国家干预途径，也就是知名的庇古税。英国经济学家提出的庇古税是解决环境问题的古典教科书的方式，属于直接环境税。所谓庇古手段，是在《福利经济学》一书中提出的，即全球的生态环境问题从根本上来讲是由于外部效应引起的，所以应使得引起负外部效应的企业通过交费或者交税的方式支付成本，相应地，补贴产生正外部效应的企业。如此便可以消除相应的外部效应。由于税收及津贴都是政府干预的表现形式，所以庇古手段依赖于"看得见的手"的相关作用，解决生态环境中的市场和政府失灵的问题。相关政策包括：环境资源税、环境污染税或排污收费、环境保护补贴、押金、退款制度等。他根据污染物的排放量与经济行为的损害来赋予纳税责任。而另一种路径，即科斯定理则是侧重于用市场机制的方式解决生态环境问题的经济手段，主要包括自愿协商制度、排污权交易制度等。参考科斯定理，如果产权确定、交易费用不存在，那么谁具备产权，资源利用都是有益处的，可以基于资源交易的私人合约行为对市场运转自我修正，也就是说可以借由市场机制解决外部性问题，以达到社会最适合的环境水平。相关学者将科斯定理运用于环境污染控制中的，其中庇古税的有效要求为拥有相关边际外部损害的整体数据，可是排放认证模式则不同，如果环境当局公布可承受的排放总量，市场自身就可以挖掘边际成本。另一些学者则公开声明了科斯定理的实施模式，其认为在加拿大构筑一个可以交易水资源污染权的权力组织。由地方权力组织根据公司自身的污染要求与控制成本分配各公司的污染权。给这一模式给予了公开的理论解释。有学者根据阿罗—德布鲁模型，验证了在一个非竞争市场，限制在壁垒之外的条件会导致平台主体积极去寻求有关外部性的数据，外部经济性会主动内化。从而确定了运用科斯定理处理环境问题的正确性。

科斯定理认为只要财产归属明确，并且其交易成本为零或者很小，那么无论产权在初始被赋予哪个主体，最终的市场均衡结果都是具有成效的。这为碳排放权商品化交易提供了理论基础，也对我们完善全球碳金融市场体系，研究碳金融运行机制具有重要意义。

二、低碳经济的碳金融支持理论

（一）金融支持理论

英国一位经济学家、诺贝尔奖得主在《经济史理论》（1969）中对金融对工业革命产生的刺激作用进行了探讨。书中提到，工业革命是由金融革命导致的，而并不是大多数人认为的工业创新直接导致的。即只有在金融革命发生的大前提下，才会有工业革命的发生。

（二）金融结构理论

美国耶鲁大学一位经济学家创建了有关经济增长和金融结构关系的相关研究，他被誉为现代比较金融学的奠基人。根据他的定义，一国的金融结构是由该国现有的金融工具以及该国的金融结构共同组成，包括各种现存金融工具与金融机构的相对规模、经营特征和经营方式以及金融集中度等。

金融结构理论讨论了金融结构变化对经济增长的促进作用。相关学者考察了金融结构与金融发展这两者和经济增长之间的关系。在《金融结构和金融发展》中，首次提到以金融相关比率为主的存量和流量指标，用于对一国金融发展水平以及相应结构进行衡量。其中金融相关比率是指"某一时点上现存金融资产总额与国民财富（实物资产总额加上对外净资产）之比"。书中对 35 个国家在不同时期的金融结构和发展的差异进行了实证分析，得出"金融相关比率越高，金融发展水平就越高，从而经济增长率就越高"的基本结论。他提出经济增长伴随着金融增长，所以经济增长越快，相应的金融发展也就越快。书中提出导致发展中国家金融发展缓慢的原因是金融市场有效性差，资金配给方式不完善，使得政府干预取代了市场配置，并强调了融资的重要性，认为"金融上层结构对经济发展影响的理论探讨可以精简成一个判断，即以初级证券和次级证券为形式的金融上层结构加速了经济增长，改善了经济运行，为资金转移到最佳的使用者手中提供了便利；也就是说，把资金转移到经济体系中能取得最高效益的地方"。但对金融结构变化与生产率提高以及资本积聚的内在关系未做更深入的分析。对于中国的低碳经济来说，财政融资、政策性融资和市场融资之间并没有避免地面临融合，相互激励，从而使得中国低碳经济出现"金融脆弱性"，致使低碳经济的发展受到较大的影响。

（三）金融发展理论

一位美籍奥地利经济学家在较早时期就突出强调了金融对于经济向纵深发展的关键助推作用。他认为，经济纵深发展的本质在于变革，健全的银行组织能够鉴定、识别经济主体，为革新行为进行融资。而机构完善的银行能够对经济主体实施择优，为革新活动提供经济支持。熊彼特觉得特殊信用促进企业"革新"，令经济人得到高额收入，导致出现革新丛生的情况，促进了金融的发展。否则，信用的不足致使金融紧缩。这样，相关学者从信用创新的角度强调了在一国经济发展中，银行体系的重要性。熊彼特通过信用革新的分析特别提出了银行系统对经济纵深发展的巨大促进。

一位经济学家在"欠发达国家的金融发展和经济增长"一文中认为，对金融发展和经济增长两者关系的研究可以采取两种路径：一种是"需求追随（Demand-Following）"方法，它突出了经济增长对金融需求的促进作用，其实质是金融的内生决定性，是实体经济部门发展的结果，其对经济增长产生的作用是负面的。

另一种是供给领先（Supply-leading）方法，此种方法更加突出了金融供给的优先性，供给领先型的金融发展是在经济主体的金融需求之前，与需求追随型发展相反，它在经济增长进程中的作用是主动的。其实质是，通过融资安排，弥补投资效率较高的部门的资金缺口，从而促进资源配置效率的提高。低碳金融对低碳经济的支持，完全符合"供给领先"理论。接下来，帕特里克着重考察了金融发展和经济增长的关系。他认为，在经济发展的早期阶段，供给领先型金融占据主导，但是随着经济的发展，需求尾随型金融逐渐趋于主位。由此可见，健全和完善的金融供给应当是促进经济发展和增长的先决条件。如何参考该特征，采取相关碳金融战略，使得资源得到最优配置，是中国当前碳金融所需解决的重要问题。随着时代的发展与进步，通过将金融发展融入到内生增长模型中，构造了具有严谨结构，缜密逻辑，并且规范论证的相关模型。实证分析的结果验证了金融发展和经济增长相互促进的结论。

90年代金融发展理论的最核心部分是对金融发展作用于经济增长的机制作出全面而规范的解释。通过分析金融发展和经济增长的关系，证明初始的金融发展水平差异可以对之后的经济发展水平差异进行预测。假设一国除了金融发展水平不足之外，其他方面的发展水平都可以满足经济增长的需要，即便如此该国家的整体经济也不会有大规模的发展。

（四）金融发展和行业成长关系理论

相关学者曾经提出了金融发展与行业成长关系理论，论证了金融发展对行业成长的作用机理。对外部融资依赖越大，则在行业发展中，金融发展所占的作用也就越大。金融市场的前瞻性发展会对那些对外部融资有较高依存度的企业的成长起到推动作用，也对金融体系的完善起到促进作用，同时也会较好的制约企业的道德风险以及逆向选择。因此金融发展可以降低外源融资的成本，提供了企业内源融资之外的融资渠道。金融工具的数量由金融机构的完善度、市场化程度以及区域分布的特征决定。金融工具可以有效地促进投融资以推动经济增长。

三、碳金融机制设计的理论基础

（一）环境资源价值理论

长期以来，由于对环境价值不能正确认识或是认识不足，环境的使用必然给人一种免费的感觉，不可避免地造成过量使用的现象，造成巨大的浪费，甚至造成不可逆转的环境问题。因此，对于环境价值理论的研究是必要的，它可以为环境资源的有偿使用提供理论依据；为环境资源的合理计价奠定理论基础；它可将环境资源囊括在市场经济体系中，以价值规律规划环境资源的研发和维护。

第一，劳动价值论。劳动价值论（labor aetiology）是指物化在商品中的社会必要劳动量决定商品价值的理论，此理论的主要内容是关于存在于使用价值和交换价值之间的统一对立关系，并且首次提到劳动二重性，即商品价值同时存在使用价值和价值，使用价值为价值的物质承担者。运用劳动价值理论对环境资源研究，重点在于环境资源是否包涵了人类的参与。20世纪后半叶，人类投入大量的人力和物力使得自然资源的耗损和经济增长达到均衡，这使得其凝结在环境资源中，从而环境资源具有价值。环境资源凝结的人类劳动，主要体现为以下四个方面：第一，对环境资源进行勘探的过程中所消耗的人类劳动；第二，对环境资源和及其所依存的生态环境进行建设、维护、翻新的过程中所消耗的人类劳动；第三，开发能源所付出的劳动；第四，对气候环境资源进行构建、革新、开发、护理等活动的过程中产生的相关费用。

第二，效用价值论。效用价值论（utility aetiology）是从人们对某一物品的满足程度或从人们主观心理角度对某一物品的确定价值的经济理论。相关专家与学者认为，价值取决于效用，那些可以产生效用的物品或者事物都具有价值。当满足了人们的欲望或需要时，则可以说人们获得了效用，即获得价值。在西方效用价值论中，物质的有用性和有限性决定了该物质的价值，价值为物质的边际效用。因此，物质的稀缺成为决定物品的价值的充分条件，而效用则是形成价值的必要条件，因而形成了价值的总体。环境资源既符合充分条件又符合必要条件，因此毋庸置疑，环境资源也具有价值。在效用价值论中，运用边际效用分析方法研究环境资源的价值和价格，有利于资源按比例配置，是资源流向边际效用最大的领域，达到合理且高效利用资源的目的。

第三，生态补偿论。环境系统是由生态系统和社会经济系统共同构成的一个开放性的系统。就像共产主义所阐述的那样："经济的再生产过程总是同一个自然的再生产过程交织在一起的。"社会经济系统与生态系统关系密切，两者之间不断地相互传递物质与能量。社会经济系统中生产与消费的产品的价值既是劳动产生的，也是自然环境带来的。因此，我们可以说生态环境资源是具有价值的。若想要社会经济得以可持续发展，则需要对生态系统进行补救，使得其实现可持续发展，此种补救包括物量和价值两个方面。由于在经济活动中除了可见的生产要素，也需要潜在的环境资源，因此，其中一种对环境的补偿方式即为将环境成本添加到产品的成本及价格中。此外，经济产品根据机会产品定价时，不能单考虑边际生产成本的因素，还应把资源耗竭成本也列入其中。该理论为碳交易定价提供了理论基础和技术指导。

第四，环境价值构成论。国内外学者对环境价值的分类有两种。一种是环境的总价值（TEV）为环境资源的价值。它包含使用价值（UV）和非使用价值（NUV），或有用价值和内在价值。使用价值是指现在或未来环境物品通过服务形式提供的福利，可具体划分为直接使用价值、间接使用价值以及选择价值；非使用价值又可进一步划分为存在价值和遗赠价值。直接使用价值指的是环境直接满足人类生产或消费需要的价值，取决于生态环境资源对当前生产消费过程的直接贡献；间接使用价值指的是生态环境资源间接满足人类生产或消费需要的价值，即指的是环境的间接贡献；选择价值又称期权价值，相当于消费者为了避免未来环境资源短缺风险而保护未被利用的环境资源的支付意愿。非使用价值与人类是否使用无关，指的是环境资源的内在属性。其中，存在价值在某种程度上包括人们对环境资源价值的关心，也是人们对环境资源价值在道德上的判断；遗赠价值则是为了子孙后代依然享有环境使用价值及非使用价值，而甘愿支付一定成本，对某种环境资源进行保护。第二种分类是将环境价值分为比较实的、有形的、物质性的商品价值和比较虚的、无形的、舒适性的服务价值两部分。

碳排放权资源属于第一种分类中的非使用价值，或第二种分类中的虚的、无形的、舒适性的服务价值。其作为环境资源的一种，在碳减排的过程中既凝结了无差别的人类劳动，如减排技术研发、碳减排计量、碳捕捉、碳封存等，又具有可以用来获得排放允许的使用价值，满足了需要进行必要碳排放的经济主体的需求（即实现了效用价值）。因此，环境资源价值理论完全适用于碳排放权资源，其本身也是一种环境资源。环境资源价值理论在经济价值的层面上研究环境问题，增强人们的经济环境意识，从而对当前日益恶化的生态环境进行治理。碳排放交易将此付诸实践，从实际上改善我们赖以生存的环境，满足人们对环境及舒适性服务的需求，也是提高人类生存质量、实现社会可持续发展的一种有效途径。《京都议定书》的出台，标志着长期无偿碳排放的历史已经结束，并开始进入一个有偿碳排放的新阶段。

（二）金融空间分布理论

学者对于金融空间分布的问题也持有相似观点，提出融资的区域布局富有金融核心引导性，所以金融区域布局具有非平稳性。《经济空间秩序》中阐述了"区域间利息"的定义，说明利息的区域不同和金融中心的汇聚与辐射影响等问题，着重阐述金融核心在局部经济发展中的影响和作用，对构筑中国区域金融核心、发展区域经济有一定的指导意义。

以上是关于区域金融的关键理论依据，由此能够发现金融对区域经济的进步有重大的作用，二者具有很大的相关性。首先，区域经济发展存在的一个问题为资金短缺，而当前若想要大规模投资，便要求对应区域可以形成良好的投资报酬，而且拥有健全的机制给予支撑。所以在筹集区域经济发展所需资金的过程中，应尽量发挥金融功能。而且，非均衡性导致金融空间架构的内在平稳，同样是构筑不同层面金融核心的根本要求。第三，金融引导资本和其他要素的流动方向，完成优化区域经济架构的目标。所以，为了使得区域经济发展中的各项资源达到最优均衡，应促进金融市场的良性发展。第四，中国经济根本上具有一定程度的"不协调"（地区封锁）和区域不均衡的情况，市场完善度不够是一个主要的问题。所以，为了推动区域科学分工，达到中国区域低碳经济的可持续性发展，加快构筑与健全碳金融体系是重中之重，并且金融市场在现今市场架构中处于中心层次，其发展可能避免地面临其他市场的进步。因此，为区域低碳经济发展创造一个完善的金融环境和良好氛围，乃中国现在金融变革的一个关键任务与目标道路。金融空间布局理论强调金融市场体系的科学分层建立，以区域金融中心为核心和辐射源，达到区域金融协调发展，从而带动区域经济协调发展，该理论为建立国际碳金融中心和区域性碳金融中心提供理论依据。

四、碳金融制度安排的理论基础

（一）制度经济学理论

制度经济学发源于 19 世纪末 20 世纪初的美国，至今大概历经三个演变过程：第一阶段，20 世纪二三十年代的旧制度经济学派时期。第二阶段，20 世纪 30 年代及战后，旧制度经济学派向新学派转换的过渡时期。第三阶段，战后至今的新制度经济学派时期，这一时期的理论主要分为三类：一是以批判社会现实和新古典经济研究方法为特征的新制度经济学派（the new institutional economics）；二是在思想体系和研究方法上部分地继承了新古典经济学，但在理论内容上以弥补新古典的不足为特征的新制度经济学派（the new institutional economics）；三是完全继承了新古典的思想体系和研究方法去对"制度"本身进行完全标准的新古典分析的学派。严格来说，他们已经不属于新制度经济学的范畴，而是主流经济学对制度分析的扩展和渗透。

通俗的说，新制度经济学即通过规范经济学的手段分析制度的经济学，其分析的是个人、制度与经济主体行为及彼此的联系。新制度经济学的主要部分能够划为三方面：一是交易费用理论，它为新制度经济学的基本内容之一，其核心为企业的起源和企业规模的确定；二是产权理论。其透过产权的概念、作用及制度构架及与经济运行的效率之间的联系等诸多角度阐述了产权机制的关键性及其对经济的影响；三是制度变迁理论。其辨析了人类世界制度变迁的根源与方式，运用历史学探究了制度变迁和它对经济主体行为的影响。同时，委托理论亦是新制度经济学中的一个关键方面。这里面的规范代理理论分析具有不对等信息的博弈双方彼此的最优合约方案，即道德风险与逆向选择两类方式。

第一，交易费用理论。交易费用为欧洲新制度经济学的重要组成部分。该理论与新古典研究模式不同。新古典经济学认为市场和价格竞争可以有效地实现资源的最优配置，可是此模式过于理想化。影响价格竞争实现的第一常见的方面有正的交易费用、个人产权的不足与非货币盈利。而且，新制度经济学家在很多其他领域上也使用交易费用概念，使得交易费用变得常见。这个一般化的过程即为新制度经济学体系不断发展的过程。由于交易费用更符合当今世界的特点，因此令它拥有更好的实践解释作用。用交易费用理论阐述中国当下二氧化碳排放交易中存在的诸多问题，同时通过它来指导碳排放权交易实务，对于碳金融拓展的可持续性具有十分关键的影响。

第二，产权理论。产权研究和交易费用范式铸就了新制度经济学的研究途径。产权观点提出我们需要运用产权处理由能源不足而导致的财产分歧。产权经济学探讨的便是怎样进行厘定、改善与控制产权的模式，控制甚至消除市场模式的社会成本，改善运行的成果，变革资源配置，促进科技发展，提高社会福利，加快经济发展。"产权是一种通过社会强制而实现的对某种经济物品的多种用途进行选择的权利"。产权的一个关键作用为指引和推动人们达成将外部性大规模的内在化的目的。产权不确定为引起外部性的因素，假设需要构筑外部性内在化的方案，就得在成本控制的前提下确定产权，也就是，交易费用最低的产权模式为最高效的制度设计。在碳金融市场构筑中，有着突出的产权分歧，体现在国家机关、金融机构（尤其是政策性金融机构）和企业之间的产权冲突。碳排放权在进入市场可交易的情况下，其本身就被商品化了，是商品就应该有较明确的产权归属。而目前国内碳排放权的产生均基于清洁发展项目，其产权界定在上述三者间并不明确，造成企业减排动力不足。在这种情况下，碳减排项目中产权制度安排的关键包涵的是外部经济性制造中国家集体产权和公司个人产权应怎样区别和联系。所以为了增强碳减排方案的可行性，需要引入产权观点，从政府和市场等层面构筑可行的经济主体激励模式。

第三，制度变迁理论。制度可以被界定为一整套行为规则，这些行为规则与社会、政治和经济行为相关。制度由制度环境（或结构）和制度安排这两个层次构成。其中，制度环境是包括政治、社会和法律的基础性规则，用来规定生产、交换与分配的基础。而制度安排是指对某些具体行动或关系实施管制的规则。制度变迁则是指制度环境和制度安排的取代、替换的过程。文章针对碳金融体系的制度变迁主要关注制度安排上的变迁。相关学者认为，制度安排被替代、转换的原因在于旧的制度安排不能使隐性利益得以实现，这样制度环境中的参与者就迫切要求有新的制度安排产生。亦即当制度变迁后的预期收益〉预期成本时，存在着制度变迁利润，制度变迁才有发生的可能性。而碳金融对于低碳经济的发展而言极其关键，它能极大地加快低碳经济发展步伐，从而给社会各方面带来长期的巨大收益。因此，存在制度变迁的需求和压力。

根据制度经济学，制度变迁的过程就是具有较高的经济绩效的制度安排不断取代经济绩效较低的制度安排的过程。即制度变迁的动力是对绩效提高的追求，但选择制度变迁的方式和渠道，则实际取决于制度变迁过程中对成本—收益的权衡。当制度变迁的成本 W 绩效时，对于是否进行该制度变迁，经济主体就可能会进行一个主观、理性的判断过程。

低碳经济金融支持的边界由低碳经济金融支持的制度供求决定。制度变迁成本与收益之比会促进或推迟金融支持制度的变迁，决定了金融支持的广度与深度。按照新制度经济学的分析，制度安排的经济绩效是制度安排能否存在的根据。该理论给我们两个层面的启示：一是宏观层面上，制度变迁和制度创新研究的目的在于改善经济绩效。因此，将制度变迁和制度创新理论与碳金融实践紧密地结合起来，对于碳金融制度的安排与完善将具有重要的借鉴意义；二是微观层面上，低碳经济产业投资的顺利实现，必须建立在健全资本经营收益回报机制的基础上，满足金融资本在市场公平竞争基础上运营的最低边界条件，即边际成本＝边际收益，亦即要确保参与低碳经济产业资本供给与运营的主体能够满足低碳经济产业资本项目运作的最低要求，即项目经营不亏损，否则，将失去驱动社会资本参与低碳经济产业投资的内在动力。随着低碳经济的发展，金融支持的成本与收益对比也将发生变化，从而渐次趋近其合理边界。因此，各种金融主体在确立低碳经济金融支持时，必须确立合理的金融支持边界。

第四，代理理论。根据研究侧重点和角度的不同，代理理论可以分为规范代理理论和实证代理理论两个分支。前者侧重于合同的特定设计，着重对问题采取 Mathematics Model 处理，从 Utility 方程、不确定信息布局与收入分配开始，拟合风险合理分配的协议模式。其通常可区别成分析事前不对称信息的反向选择方案与分析事后不对称信息的道德风险方案两种；然而后者并没有过多涉及模型，是一种非正式的实证理论。其假设规范问题已然取得应有解决，因此着重分析代表委托人与代理人彼此间关系的相关协议的关键因素及其面对的激励问题，倾向发掘以较低的委托费用构筑可预见协议的途径。

在低碳经济发展中，出现多个委托—代理关系，比如政府和地方、地方和公司、金融机构与企业等。在执行低碳经济政策时，地方政府、企业以及金融机构都面临一定水平上的逆向选择以及道德风险。因而，委托人如何在代理关系中设计最有利的激励合约，使得委托人和代理人构建相互激励的合约关系，这对于实现低碳经济的目标具有非常重要的现实意义。

（二）金融中介理论

《经济发展中的金融深化》与《经济发展中的货币和资本》从不同的层面对发展中国家金融发展与经济增长二者间的联系给予了开创性的验证，并将货币与非货币资产、银行与非银行金融机构统一起来，阐述了一国金融体制与该国经济发展之间存在互相刺激、互相制约的关系，全面分析了金融在经济发展中的地位，同时提出了金融深化论、金融压制论，如今被总称为"金融中介论"。

他们分析金融制度设计与经济整体进步联系紧密，彼此作用，互相影响。不但健全的金融体系能够令空置的货币实现利用，应用到促进经济又好又快发展的生产活动中去；而且，经济进步能够改善人们的收入，进一步提高储蓄和投资总量，反过来深层促进本国金融业的纵深发展。然而当下政府管控令金融系统发育不健全，融资平台上的利率被人为限制，由于金融体系与经济发展相辅相成，必将导致二者的发展都出现停滞并形成恶性循环，即金融抑制。

在金融发达的国家，金融市场体系建立了风险分散机制，保证金融资本的流动性畅通，这使得较大规模的投资和技术创造的需求得以满足；金融深化对储蓄和投资的推动有利，从而为长期经济增长提供足够的金融支持。贫困地区的金融发展进程相对滞后，普遍表现为明显的地方金融乏力、金融机构模式设置相对简单、宏观金融与微观辨别不清、借贷配额方针同发达区域无分别、无健全的融资平台、有效的融资手段和工具不足、政府资源难以发挥作用、融资平台机制对关键资金分配影响不足或根本没有影响、融资管控同资源配额的作用受体制限制、金融系统对外封闭程度很高。此种金融压制的状况必将导致生产资源的不正确使用，区域经济结构趋于相同，最终区域发展会受到抑制，金融深化无法实现。根据金融与经济的关系可以看出，这些地方的区域经济也难以实现真正意义上的增长。涵盖利率和汇率的融资价格违背和其他途径使实际经济增长率下降，并使金融体系的实际规模（相对于非金融量）下降。在所有情况下，这一战略阻碍了或严重妨碍了发展过程。而具有"深化"金融效应的新战略（它还有其他效应）—金融自由化战略—则总是促进经济发展的。自由化对经济发展是重要的。要打破金融抑制所造成的恶性循环，就必须要对金融进行深化改革。麦金农提出主流经济学的货币理论与发展理论缺少内在关联，从根本上批判了新古典经济学派和凯恩斯学派的货币理论。他创建了涵盖经济增长率、储蓄倾向和金融深化三者之间交互作用的模型。该模型显示，金融系统创新会加快金融深化，增长储蓄率，导致投资率与利润增加也进一步提高，再进而对储蓄实现促进，构筑了良性持续，金融深化得以促进。金融深化观点认为金融革新即参考新思维、新的组成方案与新科技等在金融领域中构筑不同融资因素的一种新的搭配，旨在于把握盈利机会而采取平台创新，往往涵盖在金融系统中同融资平台上创新的新的融资手段、新的融资方案、新的融资平台、新的支付结算途径、新的金融组织形式和新的监控途径等。金融创新是个持续的过程，亦是一个融资变革、金融深化的过程。

"金融深化的目的是要取消金融抑制条件下的配给制，代之以价格机制和分权，以选择竞争性的投资机会。"虽然金融深化理论侧重于一国经济体系在整体上的运行状态，但其理论的精髓适用于国民经济的各个产业部门。长期以来，中国存在十分严重的资源倾斜的"非均衡配置"，导致对各区域低碳经济产业的发展不均衡，部分区域严重投资不足，这就必然影响低碳经济产业的全面健康。政府应当放弃对金融体系和金融市场的过分干预和控制，允许市场机制自由运行，充分反映市场上资金与外汇的供求状况，因此，推进金融深化就成为中国低碳经济持续发展的一个重要路径，这一理论应成为中国低碳经济产业金融深化的基础性理论。

（三）金融抑制与金融约束

总的来说是倡导金融开放化、自由化。但金融开放化必须有一定前提条件，不发达经济同转型经济适宜于走"金融约束"的发展途径。倡导这一观点的原因，是为了区分于"金融压制"和"金融开放化"。1990年至今，在东南亚金融海啸的环境下，《金融约束：一个新的探索模式》中再度分析了金融体系中的放松限制同加强政府干预的问题，书中认为，对不发达经济与转型经济而言，金融抑制的案例是令人感伤的，而实施金融开放化也未实现理想效果，因此需要采用第三方案，由此提出了"金融约束"理论，强调政府管控的"金融约束"方针。金融约束指的是一组金融政策，如对存贷款利率加以控制、对进入加以限制和对源于资本平台的竞争进行管控等，此类方针为金融与生产组织构筑租金，或者旨在提高金融市场的效率。此处租金并非说无供给弹性的制造要素的收益，而是说其中溢出竞争市场所能获得的部分。

相关学者制定了采取政府促进金融深化的方针，其认为金融发展观点的假设不具可行性，同时注重政府管控的重要性。各融资体中一般具有数据不对等、委托代理活动、道德风险等，即使在均衡市场中，资金资源也不易被高效配置，因此政府的角色可以使资金得到更加合理的配置。政府通过积极的政策进行金融约束是为了给予地方金融组织更多的租金权利，令它有长期稳定发展的动力，以发挥银行具有公司内部数据的优势，抑制由信息困境导致的不利于完全竞争平台出现的一系列不足。

金融约束观点认为，不发达国家政府假使可以在金融创新初期充分运用其有效影响，则对其金融体系的完善有很积极的促进作用，使得经济也可以得到稳定发展。政府干预可以使得发展中经济体更有效发展的原因有二。第一，发展中经济体由于改革前政府的过度干预导致市场的极度扭曲，因而想要完全依赖市场使得经济恢复已经变得不实际。第二，即便自由市场可能会有效地提高资源配置效果，但因为市场中存在信息不健全、外部性与规模经济等不足，令其无法促进经济的动态或长期配置效率。因而，从以上原因可以看出政府主导型的方针使得不发达经济体更方便获得进步，特别是在进步的早期，供给领先型的金融可以更进一步地加快工业化和整体经济增长。

金融约束理论倡导：首先，政府应管理存贷款利率，也就是令存款利率限定在一个不高的层次上，控制银行费用，制造可提高其特许权价值的租金可能，控制银行的道德风险活动，令其积极从事长期经营活动。其次，管理银行业竞争，维护金融体系平稳运行。然而管控竞争并不意味着禁止全部的参与，而是说新的参加者没有侵占市场中先参与者的租金的可能。最后，管控资产替代性方针，也就是管控居民将实际融资机构中的存款转换为其他形式的资产，如股票。金融约束观点认为不发达国家资本市场尚不健全，且方针制度不足，实施效率也远远比不上正式银行机构的效率。存款如果在正式银行竞争转入非正式银行机构或国外可能会抑制资金利用率，也有害于正式银行部门的进步。金融深化和金融约束论共同作为碳金融制度安排中货币政策及监管政策制定的理论基础。金融深化论指导监管政策的收放有度，金融约束论指导货币金融政策的导向作用的发挥。

五、碳金融配套政策的理论依据

（一）信用理论

欧洲信用观点中的信用中介理论、信用创造理论、信用调节理论都着重强调金融对地方经济进步的有利影响，也就是充分利用实际存在的货币、资金分散的不稳定来达成对国家资源的高效使用。所以，针对经济相对落后的发展中区域来说，它的金融货币化与信用化的出现过程自身就提出了金融改革要求，而且发达区域和发展中地区间金融货币化和信用化程度的不同也许会使金融改革的作用得到更可行的运用。如果汇聚并完全运用发展中地区的金融资源，发掘潜在的经济进步要素，就可以发现发展中区域经济进步的道路。

货币化即指经济行为中通过货币交换手段进行的交易配额日益扩充的进程。一般将货币化看作发展中经济体所处发展水平的指标，同时也是商品经济体现进步的特征之一。相关学者认为货币化的进步涵盖质同量两个层面的要求：货币化的量是指在某国所有总商品中采取货币途径交易的商品所占份额的增加，也就是货币化基于产品化；避免地面临是指货币聚集水平的增长，也就是货币功能深化为并不是简单避免地面临的核算手段。

在区域经济进步进程中，区域间发展与金融相关比率间差异的变化趋势同向。金融相关比率意味着所有融资资本价值同所有实物资本价值的比值，即经济货币化比率、公司外部融资比率、资本构成比例、金融机构发行的金融工具比率等都不同程度上影响了金融相关比率，并且均与金融相关比率同向变化；经济结构极度震荡和改变会导致经济市场化步伐的加大，而且也会让它的经济货币化程度日益上升，进一步令金融机构的革新同经济发展的关联度上升，金融亦变作经济行为的关键变量。然而，由于经济结构具有货币化促进的困难，因此导致不同区域间的货币化进程出现不平稳。对于发展中区域，结构处于较低级的状态，货币化水平不高，金融发展无法得到可行的进步，因此无法切实促进经济结构调整，也就是低货币化的经济拥有着庞大的货币需要，资本集聚和投入的渴望相对紧迫。在此环境下，唯有采取发布地方性金融方针，通过不同方针性途径同手段加快资本构筑，强制资金的地方性转移，令地方内金融相关比率上升，进一步加快地方经济结构与生产力布局的变革调整；同时地方经济结构的优化也反过来令地方经济发展进程加速，给金融体制带来积极的促进作用。就中国低碳经济发展的实际情况来看，一个关键任务就是采取地方碳金融方针，通过构筑高效率的平台和充分发挥金融的整体功能来完成资本的构筑与集聚，提升经济货币化水平，从而推动区域低碳经济的发展，最终实现整体低碳经济发展水平的提高。

（二）公共管理理论

该理论是指政府及其他社会机构为了保持社会稳定，促进社会发展，在彼此协同过程中，通过一定途径对国家公共事务给予控制的行为。《行政学之研究》奠定了公共行政的基础。而公共管理学起源于 20 世纪七八十年代，不同学者由于研究方向的不同，导致其在发展的过程中也体现出不同的意义。尽管不同人的分析手段和观点具有不同，但是可将途经归为两类。一方面是公共政策手段，其根源理论为公共管理需要同关键方针的发布紧密相关，所以此学派便把公共管理定义为方针控制，认为唯独通过管理角度分析公共方针政策，才可以完成政策要求，达到理想层次；另一方面为公司控制手段，其以着眼工商法规同管理战略的分析为特点。严谨、健全的公共管理观点唯独在协调公共政策同公司控制两种分析方式的基础上才有可能构筑。现代公共管理着重强调机构运营的内外部情况，特别是关注外部环境的改变，侧重进行战略控制，这是公共管理相较于行政管理的优势。公共管理要求机制融合与责任分配，着重政策革新与管理者重塑，是崭新的管理模式。

在公共管理理论中，公共政策分析是一个极其关键的范畴。政策是一个悠久的话题，而政策分析却是一个不同的范畴。在 1940 年至 1950 年，许多学者把微观经济学领域对效能的分析手段应用到国家政治范畴，构筑了政策分析的基础模式，并在此之上创设了政治学。该学科的研究手段基本上是针对社会体现的部分不足，参考已有的实际环境，采取科学途径，探索最适合的方案。政策研究具备跨学科、观点和实践相协同及领域众多等特性，其分析内容非通过领域界限所控制的，而是通过所在的时期及其氛围与困境的特点所决定的。总的来说，公共政策分析的主要内容及流程包括政策问题、议程、计划、实施、评价、完结等。

根据对于公共政策不同的看法，政策分析框架也会相应的不同。一些学者认为政策研究模式涵盖基本政策、元政策、政策分析和实施战略等内涵。但是另一些学者认为公共政策研究模式完全是针对方针过程，认为方针研究的主要过程涵盖以下内容：首先，谨慎搜索与分析所研究政策范围中的大量信息资料，尤其要选取那些定量化信息。而且必须了解所分析的范畴中政策组织的彼此关系。在此基础上，构筑分析范围及体系内在的全部变量间的联系。然后，构筑研究方案，辩证解释被解释量同解释量彼此的联系。进而，分析多种备选方案和方针，具体包括现存政策，通过他人计划或提出的方针以及政策研究人员所制定的备选方案。最后，方针评价，也就是对所选的政策模型进行检验，并且对所要求的结果实施目标考核，对这些方针进行评估，再根据相应的指标找到最佳或者较好方针。毋庸置疑，公共政策分析的理论对碳金融运行机制及其配套政策的设计，既提供了理论指导，又在研究方法上给予了具体的技术支持。

（三）公共物品理论

该理论强调在经济社会中共有产品有国有与个人的区分，这里边个人物品体现独有的排他性，也就是唯独购买该产品的人可以获得该产品的使用权，公共物品与私人物品相对应，指不具有排他性也没有与其他物品竞争的性质。通过公共物品理论对碳金融交易平台进行探索，便能够对碳金融形成的本质原因有更深层次的了解，温室气体排放权在一定意义上具有公共产品的特征，因为在公共产品的消费过程中，每个人都不想购买或少购买，渴求不承担费用就可以得到收益。所以公共物品的内在价值难以定量，导致交易平台失灵。当对环境的使用需要付出一定代价时，人们便会将其向私人产品上倾斜。因此当务之急应是采取措施把排放权从共有物品中分离出来，同时采取管控，然后实现节能减排的要求，控制环境变暖的脚步。

第四章　国内外碳金融发展的经验与启示

《京都议定书》签订之初国际范围的割据性"碳市场"已启动运行，以限制二氧化碳为关键指标的欧盟交易模式自正式启动以来，至今已有近九年的时间，欧美气候交易平台等地域性质的碳交易平台在欧盟碳排放交易机制下参与碳交易，同时还推出与欧盟排放配额（EUA）挂钩的期货期权。此后加拿大、新加坡和日本等国家也逐步构筑起了二氧化碳排放权的交易模式。在亚洲，碳排放权交易平台通过电子信用来交易由清洁发展机制下的项目带来的核证减排量。假如说《京都议定书》的制定是给二氧化碳制定了价格，那么在不同形式的交易平台内上市交易使得二氧化碳排放权跨向了市场化。

近年来国外碳金融市场发展显著，形成了不同类型、不同功能的交易市场，也在世界范围内产生了主要的碳交易体系。迄今为止，世界碳交易市场基本能够根据《京都议定书》的要求划分为两种类型：第一种类型是基于项目的限制二氧化碳排量的交易。联合履约机制（JI）和清洁发展机制（CDM）是交易中最为重要的模式。JI 项目产生的限制二氧化碳排量叫做减排单位（ERU），CDM 项目产生的限制排量叫做核证减排量（CER）；第二种类型是基于配额的交易。第二种类型交易市场又可以进一步划分成强制碳交易市场和自愿碳交易市场。前者是根据某些国家和地域性质的、强制性的限制血排放指标而出现的，这当中参与的公司也被强制加入到这些交易系统当中去，诸如欧盟二氧化碳排放交易体系；而后者往往是某些国家或机构自发构建的减排系统，并不会得到《京都议定书》的许可，这当中的参与者同样是避免地面临减排承诺而且出资抵偿它超出的排放量，例如芝加哥气候交易所（CCX）与"京都框架外市场"亦称"自发碳减排体系"（VER）。

国际碳交易体系主要有欧盟排放交易体系、美国的区域温室气体倡议、东京自愿排放交易体系、大不列颠体系、澳洲的新南部威尔士州减排体系和加拿大的亚伯达省气候变化和排放管理法等。其中，发达国家的碳金融发展水平远超诸国，作为新生事物，它的发展需要采取谨慎的策略，除了严苛的交易机制规章之外，发达国家都需要遵循着"一步一个脚印"的原则，尽可能控制发展过程中的风险。

一、美国碳金融发展实践及启示

（一）美国碳金融发展的制度环境

2007 年 7 月，一直在气候变化问题上不愿作为的美国由参议院提出了《低碳经济法》草案。2009 年 2 月美国通过了《2009 年美国复兴与再投资法案》，规定美国将重点投资太阳能、风能和地热能等再生能源。在推进气候变化的应对机制方面，将严格控制碳排放，政府将着手建立一个以市场为基础的"总量控制与排放贸易"机制，以拍卖方式分配全部排放额，所有企业都必须通过竞标获得二氧化碳的排放权，同时将部分拍卖所得用于提高能效和发展新能源的投资。2009 年 4 月，美国提出气候变化立法，其目标是通过创造百万的新的就业机会来推动美国经济的复苏，通过减少对国外能源的依存度来提升美国的国家安全，通过减少温室气体排放来减缓全球气候变化影响。

美国的碳金融措施亦始终伴随经济社会的进程持续改进。主要体现为市场化的经济手段日益获得措施制定者的喜好。在"气候正义"这一观点的指引中，气候责任与义务的均等化分配获得重视；着重强调国际气候环境变化已成为国际研讨的关键；固体垃圾循环使用行为达到了高潮，联邦固体垃圾管控措施亦得到关注。

（二）美国碳金融发展的机制建设

2001 年，美国公开退出《京都议定书》，开放本土二氧化碳和其他 5 种温室气体的释放，因此，美国联邦层次内现在还未具有限制温室气体的管理，仍未构筑联邦性平台，然而，美国作为第一个构筑积极性节能交易平台的国家，在全球碳交易市场中表现最为活跃。奥巴马政府执政以来，美国碳交易市场发生极大程度的变革。固然依旧未能够加入《京都议定书》，可是美国地域性的二氧化碳减排行动已逐步地展开起来。

美国碳交易平台的加入者由供给者、终端使用者与中介机构三方组成，具体涉及受释放管控的公司和州、节能方案的研制者、咨询组织以及金融机构等，美国碳交易平台体现出特别的地方性趋势，也就是州政府在碳交易方针的确立和实施层面体现有效影响，而且逐渐构筑"由下向上"的模式。截至目前，三十多个州已经独立或组合区域结盟实现或正在确立管控二氧化碳释放的方针。虽然美国在联邦政府层面没有出台包含总量控制交易机制内容的强制减排方案，但美国在非政府层面—企业、市场以及民间做了大量的工作。最具影响力的交易机构包括：芝加哥气候交易组织与芝加哥气候期货交易所。

1. 芝加哥气候交易组织（CCX）

芝加哥气候交易组织 CCX 创建于 2003 年，是全世界首家规范的、气候性质的气候交易机构，也是全球第一个实施自愿参与且具有法律约束力的总量限制交易计划（Voluntary Cap-and-Trade）的交易组织。芝加哥气候交易组织通过成员规划和管理，自觉建立了一系列交易体系。其目标分为两个阶段：第一阶段从 2003 至 2006 年期间将二氧化碳等若干温室气体在 1998-2001 年的水平上逐年降低排放 1%，第二阶段在 2007-2010 年间将六种温室气体减排 6%。

芝加哥气候交易组织具有三个重要组成部分。其一，芝加哥气候交易组织交易市场。CCX 是一个以网络为基础的市场，芝加哥气候交易组织交易市场用于 CCX 注册并进一步在网络平台进行交易。此市场最大的特征是价格公开透明，就此体现了平台的规则、深度和连贯性。而且此体制可以抑制匿名交易与通过个人谈判实现的双边交易，所以也确保了公开透明性。其二，清算和结算市场。此市场每日通过交易市场获得全部交易行为的信息，由此才可以应对全部的交易行为，同时将每天和每月的交易陈述传达给交易成员。其三，注册体系。此体系是为了登记与保证成员降低排放的数量与碳排放商品的贸易活动。

CCX 迄今为止已经具有相对健全的碳交易商品，不但能够通过碳信用现货交易，还能够通过碳期货交易，同时具备了多元化的碳金融商品，让成员自行筛选。它的关键产品包括：二氧化碳排放配额、经核准的排放抵消额以及经核准的前期活动产生的减排信用额。2007 年 8 月 CCX 初步开展 CER 期货合同贸易，次月从事欧盟二氧化碳排放指标（EUA）的期货合约贸易，年底开始从事 CER 期权贸易与 EUA 期货贸易。运用更为多样化的碳金融手段，CCX 期望可以招揽更多的碳金融层面的加入者。

CCX 也对其他二氧化碳减排方案和区域实施了扩张。当下，芝加哥气候交易组织的会员数已从成立之初的 13 家增加至 200 多家，主要包括：芝加哥气候期货交易组织、气候商品探索、欧洲环境交易组织、蒙特利尔环境交易组织与天津排放权交易组织，而且，CCX 也加入印度环境交易组织的研究，在印度首次实践总量限控交易方案。目前，芝加哥气候交易所在欧洲已与伦敦国际石油交易所（IPE）合资创建了欧洲气候交易所，在加拿大则与蒙特利尔交易所合资建立了蒙特利尔气候交易所，并计划在日本、俄罗斯和纽约设立办公室。一家中国技术公司最近也加入并成为会员。运用 CCX，公司能够得到额外收益：为股东、评价组织、大众购买者和会员展示有关环境变化的战略前景，进而提前进行具有信用额度的二氧化碳减排和认购抵偿活动，从而使公司在本行业内的领导地位得到认可。

目前，CCX 是全球第二大碳汇贸易市场，也是全球唯一同时开展六种温室气体减排贸易并构筑了现行减排抵偿款项明细表的碳汇平台。特别值得关注的是，在芝加哥气候交易组织的努力争取下，自2003年开始美国的部分农户已能够如交易牛羊那般实施碳交易了。这一方面促进了"保护性农耕"这一节能的耕种手段；另一方面加快"节能"向国民经济各层次的深入，让越来越多的人加入、分享碳金融变革的成就和收入，带动整个社会力量完成减排目标。

2. 芝加哥气候期货交易组织

芝加哥气候期货交易组织（CCFE）属于芝加哥气候交易组织的全资子公司，并且作为美国产品期货交易委员会（CFTC）所专属指定的合作平台，此平台致力于提供规范、结算的温室气体排放量配额和多种环保商品类的期货合约。它的结算服务来源于结算企业（Clearing Corporation），此企业是全球范围内唯一一家活跃的独资期货清算组织；它的市场监察服务来源于当地期货业协会（National Futures Association），此协会系全美期货行业的监管组织。

CCFE的贸易主体一般分为三种：有限责任公司成员、交易特权持有者和授权交易者。第一类：有限责任公司成员。成员在CCFE的全部股本权益随时都归CCX所持有，CCFE的任何有限责任公司成员和其利益相关者的投票权全部参考CCFE的制度交给CCX运用。第二类：交易特权持有者。此持有者有资格在CCFE的交易市场进行交易，但该资格不能变更、转嫁，同时不能够出卖以及租赁。即使交易特权持有者享受交易特权，也不能拥有CCFE的丝毫股权以及某种收益，这当中涵盖投票权和分配股息以及其他的权利配额，无论该股息或者配额是否因为CCFE的破产、收购或者合并出现。第三类：授权交易者。授权交易者是被交易特权持有者授权、在CCFE从事交易的个人和集体（被授权者不可以是交易特权持有者的职工，更不能是他的代理商）。此授权能够出现在任一时间，然而此种授权需要具备CCFE在任一时间的有关要求，同时交易特权持有者能够在任一时间以向CCFE递交书面申请的形式撤销该授权。交易特权持有者必须承诺负责他授权的授权交易者发出的全部指令包括产生的全部合约的经济责任。

在CCFE进行交易的有八种排放权商品：碳金融工具期货CFI（Carbon Financial Instrument Futures），ECO清洁能源指数期货ECO-Index（Clean Energy Index Futures），经核证的二氧化碳减排期货和期权ERC（Certified Emission Reduction Futures and Options），IFEX有关情况期货IFEX ELF（IFEX Event Linked Futures），氮融资工具期货（年）NFIA（Nitrogen Financial Instrument Annual Futures），硫金融期货和期权SFI（Sulfur Financial Instrument Futures and Options），欧洲碳金融期货ECFI（European Carbon Financial Instrument Futures），氮融资工具-臭氧季节期货NFIOS。除上述两

个主要交易机构之外，美国还构筑了其他气候商品交易组织，包括美国区域气候交易组织与碳金融产品交易组织。

（三）美国碳金融发展实践的经验启示

首先，美国已经形成多层次但以强制为主的碳金融平台，不管是非强制的自愿减排平台，单方面强制的自愿配额平台，亦或是双方向强制的强制配额平台，美国在地区和州的层面都已经构筑或是正在构筑多元化的交易系统。其次，美国迄今为止已具有多元化但以融资为主的碳金融商品。具体包括从项目减排量现货乃至期货及期权交易的各种碳交易商品，除此之外，美国还具备多元化的碳交易平台和机构，包括交易双方、金融投资者乃至第三方注册单位、核证单位、监管单位都应有尽有，各机构各司其职，从而确保了市场的有序性，在这种多元化的机构体系中，参与的主体包括政府、非政府、学术以及企业等，市场体系发育完备，且市场化的企业从中占据主导地位。

二、欧盟碳金融发展实践及启示

目前，世界上的碳排放交易体系仍处于地域层次、国家层次亦或是省（州），彼此之间仍没有达成衔接，宏观上呈藩镇割据的局面。截然相反的是，欧盟排放交易体系最受瞩目，作为国际上首个跨国界的排放交易体系，其在交易制度设计和平台管理层面都比较健全，且国际碳成交量和成交总额首屈一指，欧盟毋庸置疑已在碳金融领域拥有了"制高点"。

（一）欧盟碳金融发展的制度环境

21世纪初，欧盟创立欧洲首个气候变化应对计划（The European Climate Change Program I）。在此计划下，欧盟和它的成员国及其利益相关者均进行了一整套富有成本效益的减排方案，其中涵盖构筑欧盟排放交易体系并且确立有关法律法规。欧盟和国际环境委员会在03年中旬发布了《欧洲二氧化碳排放交易指令》，2005年1月1日初步实施欧洲排放交易机制。

2007年1月10日，欧盟委员会执行环境和资源政策一系列计划，次年12月17日欧盟议会正式审批通过此计划。这一系列计划被认为是世界利用环境与资源一体化政策达到减缓气候变化目的的关键基础。同以往的政策相较此计划更富有积极性：首先，延伸了欧盟排放交易体系，扩大温室气体控制规模；其次，体现了可循环资源的重要性；最后，在世界范围内的立场彰显了相对的灵活性，从而带动世界气候变化进程向前发展。

（二）欧盟碳金融发展的机制构筑

1. 欧盟排放交易体系

随着时代的发展，欧盟构筑了国际上首家跨国排放权交易机制，伴随着近九年的运作，如今已形成世界首屈一指的碳交易平台。其包括了全部成员国家，部分非成员国家也主动进入，同欧盟成员国进行排放交易。8 个交易中心包括欧洲气候交易所（ECX）、欧洲能源交易所（EEX）、伦敦能源经纪协会（LEBA）、荷兰 Climex 交易所、北欧电力交易所（Nordpool）、意大利电力交易所（IPEX）、奥地利能源交易所（EXAA）、法国巴黎 Bluenext 碳交易平台等。所以，在欧盟区域内跨界采取的排放权交易长久以来始终被当作是具有深远含义与基础性的低碳政策之首，为世界排放权交易设计带来了有利的实践经验和参考。参考欧盟碳排放交易计划指令，EU ETS 制定了以下方针：EU ETS 代表总量限制交易机制，"强制参与，强制减排"；管理关键在于重大碳排放源工业公司；运用分阶段进行，定期监察，同时根据实施现状逐渐拓展到其他温室气体种类；定期制定排放配额指标；以欧盟交易平台为基础，但排放源的减量能够与京都议定书中的其他机制相连接。

第一，交易基本原则。欧盟当前的碳减排贸易模式能够解释为"限额—交易"模式，也就是提前固定温室气体释放的限额，其后再参考额度的需求进行交易，限额过剩者是平台的提供者，限额残缺者则是购买者。有关限额的厘定，欧盟碳减排交易机制参考各成员国自主签订的《京都议定书》节能指标，规定每个国家被许可释放的二氧化碳量，而此配额进一步被分配到国内的每家释放公司，配额的比例是根据往期释放、估计释放与机构释放要求等影响而确立的。应对无法完成要求的公司将进行惩处。

第二，交易阶段。EUETS 拥有三个过程，每个过程都需要各会员国按照指令上交国家分配指标（National Allocation Plan，NAP）递送欧盟执委会审批，此分配指标阐述了各会员国的减排权的配额与交易模式，从而实现《京都议定书》的减排要求。第一个过程是从 2005 年元旦开始至 2007 年年底，市场范围限制在欧盟成员国范围内，成员国所拥有的排放权当中 95% 需要无偿分配给每个企业。第二个过程是从 2008 年元旦至 2012 年年底，延伸至欧盟之外的国家，成员国所拥有的排放权当中 90% 需要无偿分配给企业，同时必须在实施前一年内递交分配手续。第三个过程的进行将从 2013 年的元旦至 2020 年的年底，致力于实现欧盟在后京都议定书时期的减排承诺，拍卖的手段被广泛采用。在第三阶段中二氧化碳排放配额拍卖的比例将逐步上涨到 1/2，2013 年配额拍卖的比例应该达到 1/3 上下，到 2020 年则应该上涨到 3/4。预计到 2020 年，大部分成员国的电力行业配额拍卖的比例基本上升至 100%。尽管在第三过程 EU ETS 公司延伸了覆盖的区域，然而依旧有一些行业未能涉足其中，因此许多国家就经由其他国家的交易模式履行《京都议定书》中承诺的责任。

第三，交易方式。欧盟准许每个成员国都能够参考《议定书》中的各种灵活模式参与减排交易，旨在通过费用效率途径实现节能减排目标。这样便出现了减排配额交易与核准减排量交易。减排配额交易意味着欧盟贸易系统许可的会员国当中的公司参考彼此的减排成本不同，主动交易二氧化碳减排额度，从而产生了排放配额交易平台。此平台上，交易的减排单位为 EUA，一 EUA 与一吨的二氧化碳等价。交易的买方，即全部排放超标的公司，对应的卖方即系配额存在富余的公司。经由该交易平台模式，二氧化碳节能的费用一定程度上减少，欧盟迄今为止一吨二氧化碳排放许可的价格基本是二十 EUP，与公司主动构筑减排设备的成本相比略低；核准减排量交易是在清洁发展机制下产生的。排放交易体系要求，负有节能责任的成员国能够从没有节能责任的成员国购入排放许可，具体方式为公司协助售卖国每减少一吨气体，便能够从本国得到一吨排放许可。这一实践表明，该模式能够有效地降低减排成本。

除上述两种方式外，经由双边合约，欧盟排放交易平台亦能够同别的国家的二氧化碳排放交易模式实现协同。比如，挪威总量交易模式同欧盟排放交易模式已在 2008 年年初进行成功连接。瑞士、加拿大、新西兰、日本等国也参与了这一体系。欧盟排放交易模式的开放性同时彰显于认同被纳入排放交易模式的公司能够在一定范围内运用欧盟外的减排信用，比如 CER 与 ERU。同时在次年公司排放许可配额里仍需要对相应数量进行扣除。

欧盟排放权交易计划的重要特色之一是在第一阶段就纳入《京都议定书》三个弹性机制中的两个，并且在《京都议定书》的第一承诺期前，就利用排放交易和清洁发展机制来帮助公司（或国家）完成减排配额。截至目前，欧盟排放交易模式属于最能够得到《京都议定书》赞同，最具效力性的交易模式。

2. 欧盟碳金融业的发展演变

借助于欧盟排放交易模式的应用，欧盟已发展了多个二氧化碳排放交易平台，同时带动了碳金融产业的发展。欧洲二氧化碳排放权交易开始是柜台进行，之后大量大型二氧化碳排放交易组织也随之产生，诸如欧洲环境交易平台、明日电力交易平台以及欧洲资源交易平台等。迄今为止，二氧化碳排放交易仍以柜台进行为主，交易所的随之产生进一步促进了排放权的期权交易。欧洲交易所于 2005 年年中进行了与排放权相关的期权交易，让就像玉米、石油等货物那样能够自由交易，同时促进了二氧化碳市场的流动性，推动了碳交易金融衍生品的进程。碳排放交易平台同金融机构彼此协同，构成良性循环。排放权产品特性的增强与平台的日益完善，吸引了对冲基金、投行、私募基金甚至证券公司这些金融组织乃至个人投资者积极参与，碳排放管控如今已跃居欧洲融资服务产业中发展最为快速的项目之一。此类金融组织与个人投资者的参与也导致碳市场范围日益扩大，流动性不断增强，平台公开性日益加强，同时可以促使其他的公司、金融组织加入进来，交易模式更为多变。这种彼此共赢的效果不但深化了欧盟碳交易平台，而且赋予了欧盟金融业新的活力。

（三）欧盟碳金融发展实践的经验启示

欧盟排放交易体系在试验阶段虽然并非完美无缺，但是随着欧盟排放交易体系的不断发展，著名的斯特恩报告以及世界银行的大量研究都对欧盟排放交易体系对减排的贡献给予了高度正面的评价。相关学者的分析显示：在欧盟紧缩欧盟诸成员国二氧化碳排放比例的环境下，第二期的欧盟排放交易模式可以避免地面临能源和有关工业机构在提高能效同时改革低碳技术。欧盟排放交易模式增强了欧洲投资人关于气候变化问题的重视，所以，欧盟排放交易模式会成为公司社会责任发展中的一座丰碑。它的应用成效亦远胜其他总量交易模式。具体体现在：

其一，反映二氧化碳排放许可权稀缺性的价格模式初步形成。价格信号精准体现市场排放权供需情形乃排放交易模式有效配置环境资源的基础要求。实践表明，在起始阶段的未知性日益减弱后，排放权的价格同造纸与钢铁工业的占比呈现明显的正比例关系。这一角度阐述了价格信号已可以精准推测碳排放许可权的供需情形，也就是产品愈多，排放权的供给需要就愈大，排放权的价格就越高；另一层面也反映，排放权价格可能影响到商业的生产策略，假设企业不进行减排和控制产量，那么就要负担高昂的减排成本。

其二，为接下来采取总量交易模式处理气候变化问题提供了大量的参考。发现并弥补平台设计缺陷、积累总量交易模式的经验乃碳金融实践过程的关键方面。为应对排放交易模式实践过程中所出现的漏洞，欧盟有避免地面临了措施，令它尽善尽美。此类不足和处理办法主要发生在三个层面。首先是排放权配额超过现实排放量的情况。排放权总量过剩，令排放权价格下挫，气候束缚疲软，公司丧失采取措施限制二氧化碳排放的积极性。应对此问题，欧盟在排放项目运行的第二过程，缩减了年排放权总额。缩减后的年排放权相较之下比2005年低6%。其次是排放权无偿分配的情况。第一过程排放权是无偿发放给公司的，并且电力行业分配过量，导致电力行业不需要用排放权许可冲抵实际排放量，相反却将排放权指标投入市场上售卖，牟取巨额利润。在第二过程中，政府扩大了许可权拍卖的份额，同时缩减了电力行业的发放配额，要求电力企业不得不控制碳排放。最后是微观数据存在缺失的情况。欧盟排放交易模式初始运作时，企业方面的二氧化碳的排放数据根本不存在，排放权不得不参照预测分配给工厂，因此造成排放权配额过剩、市场价格剧烈震荡等大量出现。可是欧盟在 3 年测试阶段中，始终在搜索、修正工厂层次上的二氧化碳排放的数据，如今构筑了庞大的可以服务于欧盟决策的针对企业碳排放的数据库。

除此之外，在宏观层面上，欧盟全体成员国排放量相对减少，同时促进了以项目为基础的京都交易的投资。微观层面上，公司监管层对限制温室气体的态度出现大幅转变。而且，欧盟排放交易模式的构筑更极大地控制了欧盟国家履约的成本，欧盟在这方面年均支出 29 亿欧元，最多 37 亿欧元即可，但假如不采取这一交易模式，将要承担的成本就会大幅上涨。

三、日本碳金融发展实践及启示

（一）日本碳金融实施的规制模式

日本的节能成果与绿色科技的进步来源于制度建设的大力辅助。在公众、能源和气候对金融和政府的层层压迫下，日本跻身为国际上气候立法最完善与最先研究碳金融方案的国家之一。1960 年至 1973 年，战后飞速运转中的日本遭遇了最可怕的气候困境，遭到群众诟病的政府于 1967 年中旬发布了环境应对根本法，这意味着日本一步步迈向低碳发展国家。接下来的 10 几年，政府大约消耗了六百亿日元的科研经费用于低碳环保领域，尽管是在 1974 年经济大萧条的环境下也依旧有巨额的投入。上世纪 90 年代，日本遭受了相当巨大的经济冲击，民众试图采取科技手段促进经济进步的呼声增多。所以日本在 1995 年颁布了《科技根本法》，着手开发科技发展基本方案，加快促进科研。日本有关学者解释，将重心置于探索节能上，特别是气候研发，就是渴求以当下世界经济危机为突破口，占据明日世界经济顶峰。

进入 2000 年至今，伴随全球性低碳发展潮流的崛起，日本的低碳模式构筑日益步入正轨，正像日本特别是东京区域发展低碳城市事件所展现的。日本还在另外两个层面进行了有效的政策行动以致力于促进资源与环境技术发展。一方面是控制措施，如日本《建筑循环使用法》要求改建房屋时有责任循环使用全部建筑材料，所以令日本研发了国际最先进的混凝土循环利用技术；二是补助金措施，迄今为止日本政府正在研究恢复对个人购买太阳能发电设备给予补助的措施，而且着手下调对中小企业购买太阳能发电设备给予补助的标准。

日本低碳经济立法重视构筑综合性根本计划和协同模式，把控严苛的环境要求，运用宏观调控与市场调节这些多元模式组合的管理模式，注重民众加入和强调民众的环境权利，从而构筑了整体低碳观指导下的一致、完善的低碳经济根本法体系，透过理性化的、渐进式的法律制度设计，造就了完善的低碳经济法律体系。

（二）日本碳金融发展的机制建设

就碳交易市场化发展而言，和其他发达国家类似，它的发展进程同样不可能顺风顺水。由于日本诸多金融机构的抵制，国家层面制定的碳金融发展相关规章至今仍未获批。尽管"由上向下"的碳金融市场化道路不通，然而"由下向上"的区域性的二氧化碳交易体系却慢慢在东京都等城市展开。

就在 2005 与 2009 年，欧盟同美国相继产生了 EU ETS 与 RGGI 这样的碳释放交易模式之后，2010 年，国际上第三个碳排放配额交易方案在日本东京出现。东京碳排放限额和交易计划是日本低碳经济建设的重要里程碑。通过近 10 年的努力，东京 ETS 在 2010 年步入正式执行状态，这代表全世界首个应对市内大型工商业组织的强制性碳排放配额与交易方案将正式起效了。而东京碳排放限额和交易计划的初步成功，也为全球碳金融建设和发展提供了良好的范例。

东京碳限额贸易计划是日本政府 2007 年中旬颁布的《东京环境变革措施》里面的关键方针。身为国际首笔应对城区工程的二氧化碳释放控制和交易方案，东京 ETS 的运行规模涵盖 1400 多所组织和有关机构，包括一千一百多家企业国有建筑与 300 多家的工业设施，全部为标准的大排量碳释放组织，它们的释放量占全部释放量的 1/5 左右。

而且东京 ETS 趋向多变的监管模式。其一，东京二氧化碳释放量是能够积累的。排放配额可以用起始年的释放量期限年份的公式得出，并且当一家组织的排放量溢出于强制减排额之外，还能够许可在第二年进行交易，因此有效地确保了组织节能的成效。而且，ETS 甚至采取"补偿额—信用额"的方案深入健全了交易模式的普遍适用性。这导致在东京的低档释放级别的组织采取节能手段控制碳释放时，能够得到补帖。ETS 应对其他区域的节能活动，亦能够把交易活动包括进当地的二氧化碳释放要求与交易方案，它的节能配额能够转变成补贴。而且旨在于更有效地完成节能目标，ETS 又引入部分非自愿性条文。也就是说，ETS 在实现促进大型组织二氧化碳释放交易活动中，同时特别注重辅助地方的延伸与其他影响的介入，令此项新颖的市场手段获得最高效益。

4.3.3 从日本碳金融发展实践中获得的经验启示

日本节能构筑具备三大特征：首先，同众多世界性规则密切相联；其次，确立节能科技研发方案，主动开发与推广节能新项目；最后，试图通过市场体制实施并完善低碳化方案。东京 ETS 可以看作是日本气候方针的一个关键转折点。同他国相类似，长久以来在本国针对环境变化的治理中，绝大多数都仰仗国家确立的有关方针与手段，而非平台自主。实践表明，它可以在模式不完善、反对如织的氛围中屹立不倒的原因，主要是能够让法制控制力同市场促进力完美地融合，并分析出适合当地发展阶段的游戏法则，顺应社会发展与环保的要求。同时，参照产业竞争理论，一些非生产性要素诸如政府决策、法律基础等，能给现代企业带来强大的生命力。日本 ETS 的实行，为这些行业提供了平台、引导了发展方向，一定能够为日本的相关产业赋予今非昔比的行业竞争力。

相比之下中国的节能减排交易平台，如中国学者指出的那样："北京、上海、天津、深圳建立碳排放交易所后，广东、江西以及河北也都表示希望十二五期间成立碳交易平台。但由于中国尚未推出碳排放强制交易，目前这些交易所都只做碳排放自愿交易，交易量十分有限，且几乎没有收益。在碳排放强度指标等国家有关政策未出台之前，没有真正的碳交易项目可做"。由此可得，尽管区域交易市场开拓进程迅速，可是缺乏具有未来可操作性的制度氛围。东京 ETS 此类以区域平台为目标的规制模式对中国碳金融的发展可能是一味治病良药。而且，中国产业转型改革的步伐同样势在必行，政府在给予公司技术扶持与经济辅助的同时，也需要制定健全的平台化模式，赋予二氧化碳释放这类新颖产品自由贸易的资格，从而促进业界全员参与的积极性。

四、印度碳金融发展实践及启示

波茨坦大学的研究人员进行了一个比较，得出碳排放权交易的关键模式一清洁发展机制（CDM）在新兴工业国之一中国和印度表现了截然不同的发展状态。中国的 CDM 仍局限于大中型公司范围，可是在印度已经构成一种崭新民间监管模式，展现了一股由下而上的促进力。除了有 CDM 的区别，在场内碳交易与碳金融层面，印度同样遥遥领先于中国。世界银行报告体现，印度许可的 CERS 同中国许可的 CERS 比较存在 2~3 欧元溢价。价格区别体现了两国 CDM 环境的差异，意味着世界买家根据贸易伙伴的可信度还有监管的可估计性等因素对两国所做出的不同评价。作为发展中国家真正的场内碳交易，印度当下已经有两个交易所产生了碳金融衍生品交易，涵盖多种产品交易所（MCX）发布的欧盟减排合约（EUA）期货与五种核证减排额（CER）期货，还有印度国内产品及衍生品交易机构（NCDEX）2008 年 4 月发布的 CER 期货。在碳金融层面，印度国内亦完全构筑了相对宽松优越的环境，有力促进印度本国 CER 的销量。

（一）印度碳金融发展的制度环境

印度碳金融发展的制度环境具备如下特征：一方面印度政府努力探索适合本国可循环发展的途径，对 CDM 拥有相对乐观的态度，导致 CDM 咨询机构特别活跃，积极为企业做中介与改良；另一方面为促进 CDM 方案发展，构筑了一系列自上而下的监管组织（涵盖 CDM 主管组织还有一些中介咨询组织）与相对健全的体制框架，注意加强组织之间与诸多机构之间的关联，增强各组织的专业层次，推动个人部门积极加入，印度电力机构为处理环境问题，使能源机构（涵盖新能源技术、发电厂的转型等）保证优先发展 CDM 项目的机构；印度政府内还设立了特别的 CDM 局管理该项目的促进项目，其项目管理机构由政府的环境与林业部秘书（任主席职务）、外交部秘书、财政部秘书、工业政策及促进部秘书、非传统能源部秘书、电力部秘书、计划委员会秘书、气候变化部门的联合秘书（来自环境与林业部）、气候变化部门主管秘书（来自环境与林业部）的九名成员组成。印度的 CDM 市场是完全开放的，政府不对价格进行任何管制，英国、瑞士和荷兰是三个最活跃的买家。

（二）印度碳金融发展的体系构筑

1. 印度混合商品交易所（Multi Commodity Exchange，MCX）

印度混合商品交易所是印度金融技术公司（Financial Technologies（India）Ltd）创办的本土科技产品期货交易机构，拥有政府终身的本土期货贸易电子交易等项目，于 2003 年年底公开运营印度多种商品交易所通过增加碳信用交易到已有的商品及期货交易平台，希望在全球减排行动中占据重要地位。印度现存的和潜在的碳信用提供人已经做好准备从现在发展的活动中形成众多的碳信用，此类碳信用会被用来在国际平台上售卖。在未来，印度很可能会成为碳信用的主要提供国家之一，因此印度本土交易所的定价功能将显得非常重要。

目前，MCX 已经获得了 ISO 9001：2000 质量管理认证、ISO 27001：2005 信息安全管理系统认证和 ISO 14001：2004 环境管理系统认证，并且与全球的国际性交易所建立了战略合作关系，比如东京商品交易所、伦敦金属交易所、纽约商品交易所等，正发展为印度产品期货交易平台的领跑者。

2. 印度国家产品和衍生品交易所（NCDEX）

印度国家商品及衍生品交易所（National Commodity&Derivatives Exchange Limited）是一家专业的多种商品交易所。NCDEX 的股东由国家级机构、大型银行和集团公司构成。其主要出资人有：印度工业信贷投资公司（ICICI Bank Limited，ICICI）、印度生命保险公司（Life Insurance Corporation of India，LIC）、国家农业及农村发展银行（印度）（National Bank for Agriculture and

Rural Development，NABARD）、国家股票交易所（印度）（National Stock Exchange of India Limited，NSE）。

NCDEX 是印度唯一的由国家级别机构设立的商品交易所，这种地位上的优势是其他交易所难以具备的。它的出资人在各自领域的表现都非常出色，这为他们运作交易所带来了一些经验、技术与风险控制能力。NCDEX 由印度期货市场监管组织—远期平台委员会（Forward Markets Commission）监管。

NCDEX 目前提供 60 种商品的合约，其中 39 种农产品、5 种贵金属、6 种贱金属、4 种能源、3 种高分子材料和 3 种 CER 产品。迄今为止印度许多产品交易所（NCDEX）已发布 EUA 期货与 5 种 CER 期货；印度国家产品和衍生品交易所（NCDEX）2008 年上旬亦发布了 CER 期货，截至 2008 年下旬，已有大约 700 万吨 2008 年年末交付使用的 CER 期货合约在该机构交易。

印度的两个交易所目前都以卢比计价。以 2008 年 12 月交付的 CER 期货为例，2008 年 8 月 19 日该合约收盘价为 1350.60 卢比。参考 2009 年数据，2008 年其两大交易机构总共实现了 50000 宗左右的期货协议，二氧化碳成交量一千六百万吨左右。而且，在国际八大关键交易机构里，MCX 2008 年 CER 期货和远期合约交易量位列第三，仅落后于 ECX 与 Nord Poole

两家碳交易所成立后，源于印度本土的 CER 在平台上交易，提供了相对充足的供给。碳金融来源的多元化是印度碳交易发展全民化的一个关键反映。《京都议定书》颁布三年以来，印度逐渐成为交易排放权规模最大的地区，此地的资源、建材、钢材乃至公路、林木类行业均积极运作清洁方案，并从此方案中取得了较高的经济效益，印度在《京都议定书》尚未生效之时，便启动 CDM 方案，而且特别组织了一个监管 CDM 机制研发的部门，制定了一整套激励、支持公司与中介服务组织运行 CDM 项目的制度。从此方案于 2005 年运行至今，印度许多组织全部主动加入，在风能、生物能这类可循环能源行业，与古典能源行业技术革新、工业组织流程变革、固体肥料处理，乃至建材、钢材、轨道等行业以及农村偏远区域绿化等，加入的行业与加入形式五花八门。不仅有私人公司，印度的大型国有公司亦主动加入。印度侧重关注在节能与环保层面取得的技术服务，于是印度偏远地区的农民亦在申请 CDM 活动。而且，印度许多环保 NGO 机构同样促进了环保活动全民化的进程。一个关键特征是，印度等 CDM 东道国更为关注社会与环保效益，绝大多数 CDM 给本国生活环境与生活水平给予了相对有效的改善。

除此之外，CDM 方案制定开始仅是"双边活动"，也就是贸易双方通过协作研究的途径来实现碳减排额的许可签发。然而，自 2005 年国际上形成"单边项目"至今，印度便进行了"单边碳方案"，将注册许可的 CDM 方案所构筑的 CER 搜集起来，用来供将来使用以及交易，以此调控市场震荡并控制减排成本。此类特立独行的 CDM 模式研发同印度健全的现代金融系统关系密切。

（三）印度碳金融发展实践的经验启示

印度的碳金融实践可能有三点重要启示：第一，印度对全部环境风险的预测和管理的策略选择。CDM 模式的创立初衷是促进由发达国家给发展中国家传输资金与专利来实现减排目标，虽然单边方案与此初衷有所违背，且后京都时代的市场设计还未形成，许多单边方案堆积可能增大平台风险，然而印度的金融机构、公司与许多民间机构根据个人判断，依旧选择参与而且担负风险，它们的场内交易可以进行并维系稳定成交量，这是市场选择的结果。从另一个角度看，这也同一个国家整体环境风险预测与管理的策略选择相关，与本土的公司对环境风险估计与控制的态度及能力相关；第二，印度金融机构的深入参与。印度金融机构的参与更为深入，如银行直接购买平台研发的标准化商品以及银行给公司提供贷款，将设计 CDM 的效益当作现金流与远期还本的渠道之一；第三，印度民间力量积极加入。印度公司表现活跃，企业不但能够取得银行信贷援助设计单边 CER，而且公司个人同样愿意承担部分前期运行成本，例如协助设计机构的开销与前往联合国申请的风险。最终取得已经许可的 CER，它的交易价值远远超过那些尚未进行登记注册的 CERO 与印度活跃的碳交易与碳市场环境相比，作为国际上居于首位的 CER 供给国，中国尽管于 2013 年以京津沪三大环境交易机构为核心和基础发展了七大碳交易机构，并开始交易试点，可是实际的碳排放权交易商品尚没有提上进程，个人参与度已少之又少。与"十一五"规划中要求的节能减排指标相比同样没有行之有效的实施方案。面对短期增长困难与远期经济体制改革的中国，能否在保证经济快速增长与构筑能源节省型、气候友好型国家共生的计划中另辟蹊径，会成为决定未来中国能否产生持续发展动力的重点。同为发展中国家，印度的实践经验值得我们学习和借鉴。

五、中国碳金融的产生

在中国，由政策引导信贷资金配置在绿色节能方向的项目很早就有了。1995 年，中国中央银行颁布《关于贯彻信贷政策和加强环保工作相关问题的通知》，要求金融机构在信贷活动中贯彻国家环保指令。1996 年国务院《关于环保若干问题的决定》和 2005 年国务院《有关贯彻科学发展观加强环保的决定》都要求，不满足环保标准和限制的无法贷款。2005 年底，中国政府与世界银行签署了《建立清洁发展基金谅解备忘录》。

随着节能减排形势的日益严峻，根据国务院及全国节能减排工作电视电话会议的指示精神，2007年中旬，中国中央银行发布了《关于改进和加强节能环保领域金融服务工作的指导意见》。该《意见》要求央行下属的各级组织"引导辖区内各银行类金融机构合理控制信贷投放规模和进度，严格限制对高耗能、高污染及生产能力过剩行业中落后产能和工艺的信贷投入，促进辖区经济结构战略调整和经济增长方式的转变"。

中国中央银行与国家环保总局合作，第一次将其同环保数据归入中国统一的公司信用信息数据库，同时规定各机构将公司开展低碳活动现状当成审批信贷活动的关键参考。2007年中旬，中国环保总局、中央银行与银监会制定了《有关贯彻环保政策防范信贷风险的指示》，接下来近一年的时间当中，环保总局携手银监会、证监会、保监会接连颁布了一整套政策方案，采取"绿色金融""绿色证券""绿色保险"，开始构筑中国低碳金融的规则框架。同时，"十一五"规划中要求2010年单位GDP资源消耗较2005年减少20%，主要污染物排放总量下降10%。2008年开始，政府的低碳方针出现巨大变化，从"目前不会参与"到"先行先试"，中央与各地政府主动探索各项政策的颁布。2008年上旬，国务院下发《关于天津滨海新区综合配套改革试验总体方案的批复》，明文规定其"完善主要污染物排放总量控制机制，建立清洁发展机制和排放权交易市场，健全环境质量评价指标体系，强化环境保护参与决策机制"。2009年中下旬，国务院批复中又一度特别强调了"搞好排放权交易综合试点"。2009年年底，国务院常务会议批准，2020年中国单位GDP碳排放指标需在2005年标准上下降四成以上。在随后召开的中央经济工作会议上，调整经济结构、转变发展方式已经被确定为未来的经济工作重点。2010年年初，主席同志在主持政治局全体学习时再次提出，将治理环境变化作为中国经济社会发展的重大战略与促进经济发展模式变革以及经济组成变更的重大契机，深入做好治理环境变化每项工作，保证完成2020年中国降低温室气体排放举措的标准。前年上旬，国务院发布了《关于加快推行合同能源管理促进节能服务产业发展的意见》（以下简称《意见》）。此次《意见》颁布包涵诸多关于节能服务行业的帮助政策，比如把合约资源监管项目纳入中央预算内投资及中央节能专项资金支持范围内，同时给予资金补贴或奖励。

为了全面落实，2010年5月5日国务院节能减排工作电视电话会议精神和《国务院关于进一步加大工作力度确保实现"十一五"节能减排目标的通知》（国发2010112号）全力支持节能减排工作，促进淘汰落后产能，确保实现"十一五"环保要求。近年，国家发改委将可能颁布《中国自主减排平台管理方案》。该方案可能要求构建自主减排交易的国家注册登记表，其与证券市场的核心级碳交易登记结算公司以及与之配套的核心级碳交易登记托管机构相类似。至此，向低碳经济的全面转型成为中国经济生活的大方向，同时也为碳金融业务的创新与发展创造良好氛围。

六、中国碳金融的发展

中国碳金融起步较晚，目前只能说是初露萌芽，与巨大的需求相比，碳金融发展相当滞后并存在诸多问题。但是，我们有信心认为，在政策的支持和各经济主体"低碳"意识的不断增强之下，中国的碳金融发展潜力巨大，必将迎来其蓬勃发展的时代。

（一）中国碳交易市场体系初步搭建

迄今为止，中国的碳交易平台模式初步构筑并发展极为迅速，构筑诸多气候交易组织机构，同时在努力进行交易模式的研发与商品创新。第一，以项目为基础的清洁发展项目平台的建设。当下，中国已成为 CDM 项目交易的关键成员之一。近几年，注册获批准的 CDM 合作方案与 CER 许可量皆获得了飞速的上涨，是全球清洁发展机制（CDM）项目注册认证最多的国家。据联合国 CDM 监管理事会（EB）的信息表明，时至 2009 年末，中国已获批准项目共 671 个，占 EB 获批项目全额的 35.15%。与此同时，参考联合国气候变化框架公约网络平台，时至 2009 年底国际上已许可批准计 3.58 亿 t 现值，同时欧美每年要从中买入两亿至四亿吨二氧化碳总额，中国占据当中近 50% 的市场比例，也就是说每年大约 1 亿吨的二氧化碳交易量。国际能源总局估计到 2020 年，中国潜在二氧化碳交易量将在 8 亿吨左右，遥遥领先于世界其他潜在供应国。

第二，以主动减排（VER）为基础的碳交易平台的建设。为推动碳金融的发展，2008 年至今，首都气候贸易组织、上海环境资源贸易组织、天津释放权贸易组织、重庆排污权贸易组织与山西吕梁节能减排方案交易平台等交易机构接连成立。这些交易机构的出现给中国碳交易提供了一个公共平台，近年来，各贸易组织成交量日益上升。

北京气候贸易组织在 2008 年 8 月 5 日成立，属于北京市政府许可开设的贸易机构，由中海油新能源投资有限责任公司、中国光大投资管理公司、北京产权交易所有限公司和中国国电集团公司投资创设。旨在于构筑国内乃至国际气候类权益的价值研究平台与市场交易平台。目前该交易所列示出的挂牌项目类别有 7 个，分别是环境技术及设备交易、环境类股权资产交易、节能量交易、排污权交易、排放权交易、生态服务权益交易与可循环资源交易。2009 年 6 月 18 日，北京气候贸易组织同纽约泛欧证券交易组织（BlueNext）签订战略合作签约磋商，环交所成立的 CDM 方案会同时于 BlueNext 交易所的途径进行发布。出现至今，首都气候贸易组织对促进中国碳交易平台的发展做出了卓越的贡献。

其一，制定中国第一个自主节能标准—熊猫标准，同时致力于生态补偿领域的业务。熊猫标准既在狭义层面上给出碳排放主体主动减排量的检测标准和制定相应行动方针，又在广义层面上制定出碳减排的基本流程、碳减排量的评定组织以及碳减排和交易的规则控制等行动方案。其二，构筑国际第一家中国合约能源控制投融资交易平台。其三，构筑主动减排碳交易平台。环交所同欧美、韩国、澳洲等诸多交易机构协同，共同构筑了中国自主节能碳减排交易途径。其四，提出了中国第一个低碳指标 China Low Carbon Index，简称 CLCI。其五，签订中国首笔自主减排合约。其六，探索释放许可和减排量交易的实践与研究。其七，给清洁项目带来数据信息辅助市场。其八，构筑节能减排技术转让交易市场。其九，大范围建立并拓展合作交流。

上海环境能源贸易组织和首都气候贸易组织同时挂牌，属于上海市政府许可创设的辅助全国、针对全球的海外化多元性的环境资源权益交易市场平台，该机构集聚环境能源领域的股权、债权、知识产权和物权等多项专业化权益交易服务功能。主要业务为安排节能减排、环保和能源范围内的诸多环境保护与节能、技术产权、减排权益乃至能源使用权益等综合性交易，并从事政府许可的环境能源范围的其他交易项目与各类权益交易见证等，旨在形成低碳减排与环境保护范围内诸多技术、资产和权益交易的健全的贸易链。迄今为止该贸易组织公开的挂牌项目有 6 个方面，即碳资源减排、节能减排与环保科技、节能减排与环保资本、二氧化硫项目的技术以及日本经产省科技投入项目。成立至今，主要从事下列事宜：

其一，大力构筑 CDM 项目数据服务市场。其二，在合同能源监管和排污权交易方面同海外公司展开多角度沟通和贸易。其三，构筑"绿色世博"主动减排交易市场。其四，协同创建了南南国际环境资源交易体系。其五，开展二氧化碳强度指标的探索，而且在沪展开实践。其六，实现中国巨额大宗以自主减排为基础的碳抵消交易。

天津排放权交易组织挂牌于 2008 年中下旬，属于在天津滨海区构筑环保发展体系与排放权交易平台的要求下构建的中国首家综合性排污权交易组织。此组织重点开展二氧化硫、工程耗氧量与排放权交易、资源交易和有关咨询辅助，是市场手段与金融创新相结合以推动节能减排的国际化交易市场。迄今为止，天津排放权交易组织现拥有了四十个左右成员机构与十多个战略贸易合作伙伴，重点从事下列业务：

其一，实现了第一笔通过互联网的二氧化硫排放指标交易。其二，组织公司主动减排联合活动。其三，实现中国第一笔根据碳脚印检测的碳抵消交易。其四，发起了全国第一家独立研发的以强制减排为目标的排放权交易模式—天津能效市场平台。此外，2009 年 11 月 17 日，深圳联合产权交易所、深圳国际能源与环境技术促进中心及 RESET（香港）公司在深圳签署了发起成立亚洲排放权交易所的合作备忘录。广州、大连、贵州、河北等交易所都在紧锣密鼓地筹备、开展中。

（二）中国碳金融组织服务机构逐步涉入

节能企业的参与构成了碳交易的交易双方，交易市场给予了价格发现功能，而碳金融组织服务机构在碳交易平台的金融辅助功能可以令碳市场的范围深入拓展、流动性加速以及公开度增强。迄今为止，中国的碳金融机构的组织服务体系还尚没有形成，但许多碳金融组织机构已开始行动。

第一，银行业的碳金融服务。兼从逐利与公司社会责任两个角度出发，中国银行业着手在低碳领域有所行动，当下主要体现在"绿色信贷"、CDM 财务顾问与碳金融理财商品层面的探索与实践。首先，绿色信贷业务。例如最先采用赤道原则（the Equator Principles，EP）是由世界主要金融机构参考国际金融企业与世界银行的政策与方针制定的，致力于判断、评价与监管项目融资中的环境与社会风险的一个金融行业基准。这项准则要求金融机构在向一个项目投资时，要对该方案可以对环境与社会的影响进行多角度评价，同时通过金融杠杆令该方案在环保和周边社会和谐发展层面产生促进影响的兴业银行，2006 年中旬，兴业银行同海外金融企业联合，根据中国在节能科技使用和可持续经济发展层面的金融需求特征，在国内创新推出节能减排专项贷款这一"绿色信贷"项目，且预计"十一五"期间发放 100 亿元。

截至 2009 年 9 月末，兴业银行 35 家分行所进行的节能减排贷款项目共 146 项，总额 92.37 亿元，减少标准煤约 600 万吨，二氧化碳约 2000 万吨。其他如上海浦发银行、民生银行、招商银行等也相继产生了新型方案的绿色信贷项目，主要涵盖：金融租赁项目、项目企业金融项目、节能减排设施制造商增产信贷项目、CDM 方案下的信贷项目、节能服务商（EMC）项目、节能减排设施供应商买方信贷项目以及公共事业服务商信贷项目。

其次，碳金融理财商品创新。商业银行主动跟进设计挂钩碳排放权的理财商品，如深发展银行于 2007 年 8 月发布中国第一款和排放权挂钩的人民币及美金理财商品之后，交通银行、光大银行、招商银行同样连续发布了自己的低碳理财商品。信托行业也设计了相应的低碳理财商品，如中诚信托·低碳绿色能源 1 号圆基风电投资方案集合资本信托项目。碳理财商品给许多对环保、碳金融有所涉猎的个人和公司客户提供了不同以往的产品类理财商品投资途径。

第二，证券业的碳金融服务。低碳金融对中国的重要性正逐渐加深，资本市场身为最有效与市场化的平台，同样融入了低碳和"绿色证券"的观念与构思。证券市场的"低碳化"和"绿色证券"体现在规范和促进上市公司低碳化，如对准备上市融资的企业设置环保门槛，并利用环境信息透明化的手段，对企业上市后的经济活动进行监管，从而增强公司节约能源、控制污染与维护生态，控制高消耗、高污染公司的排放活动，引导投资者选择绿色投资决策并规避环境风险。

低碳是未来经济发展的必然趋势，拥有低碳观的股票在资本市场日益得到重视。迄今为止，在中国的 A 股市场上有 70 多只股票是碳金融板块，还有更多的上市企业在着手低碳产业。上市公司节约资源、保护环境，把企业从单个追求经济利益最大化的目标，延伸和扩大到关注自然资源、社会进步与拥有社会责任的可循环发展方向上来，既可以让公司获取低碳发展的契机，同时给资本市场与投资者带来更多的有利投资方案，使得新型碳金融市场积极发展。

第三，保险业的碳金融服务。截至目前，中国保险业在碳金融领域还处于探索时期，但能够预知的是，在业界日益发现源自于环境变化和公司有关的碳减排压力引发的新型风险时，会推动需求方与供给方一起探讨资源带动碳保险项目前进的方式，作为风险控制机构的保险公司肯定会在发展低碳经济的环节中起到关键作用。

第四，基金业的碳金融服务。碳基金是通过政府、多边组织以及私人单位的资本筹集形成，利用构筑各种金融手段，加入碳减排量交易贸易活动的基金。中国绿色碳基金与中国清洁发展模式基金为国内为数不多的和碳汇与 CDM 相关的基金，然而因为无法独立从事碳减排量的贸易，它们仅是准碳基金。

碳基金在中国才刚刚建立，2007 年 7 月中国清洁碳基金估计至今，众多方面的碳基金连续出现，政府指导型的诸如广东绿色产业投资基金、南昌开元城市发展基金。创投资本也慢慢倾向于低碳行业，2010 年 3 月，中国第一个明确以低碳经济行业为投资目标的创投基金—浙商诺海低碳基金，正式建立。而且，第一个拥有外资背景的低碳基金，通过瑞公司同首都中清研信息技术研究院一起投入的新能源节能基金亦获取发改委的许可，此项基金将重点应用在帮扶中国西部省份的新能源和低碳经济工程。低碳节能同样是证券投资基金的投资焦点，08 年，兴业基金管理机构就创建了全国首个社会责任基金—兴业社会责任证券型基金；不久，汇丰晋信基金公司创建了汇丰晋信低碳先锋基金，预测低碳基金必会成为股票投资基金发行的新风尚。

第五，其他碳金融策划服务机构。在一个健全的碳金融运行模式中，同样需要涵盖碳资本监管企业、碳经纪商、碳信用评级组织等，它们的碳金融服务在加快低碳经济的发展过程中都将发挥积极影响，可当下中国本土的有关组织还没有构筑起来，依然需要政策的支持与市场环境的深入发展完善。

七、中国碳金融发展的滞后性

中国碳金融存在大幅度的进步空间，可是当下还处在起步进行状态，同经济发展所要求的步伐相比，碳金融前进相当滞后而且还有不少的困难。从宏观层面看，金融制度和信贷政策的缺陷、金融机构布局不合理、金融支持渠道狭窄、未形成多层次多形式的筹资机制等问题均不能满足低碳经济发展和产业结构调整对金融服务的需求。微观层面上，金融创新手段滞后、金融服务及创新与中国低碳经济的发展现状和远期规划还不相适应、还存在许多实际运作的问题等等，也都成为制约和影响低碳经济发展的重要因素。

（一）碳金融发展的环境不成熟、制度不完善

第一，碳金融发展的环境不成熟。企业缺乏参与激烈竞争的思想准备和制度上的硬约束。虽然减少碳排放等已成为大众化名词，但中国还没有形成碳减排的全民意识。一方面，中国没有长效的碳减排激励机制鼓励全民自觉参与碳减排。另一方面，中国目前为非强制减排国家，因此没有通过立法、监管等手段对国内企业进行强制减排，只是以企业自愿减排为主，企业自主设定减排规则、减排目标，自愿参与碳排放权交易。这决定了排放限额只能成为软约束，参与减排及碳交易的企业仅仅是为满足绿色供应链中跨国公司提出的碳足迹核证的要求，而其自发参与碳交易的动力不足，尤其是碳减排成本较高，短期收益较差，与其短期经济利益相冲突时，企业更会倾向于放弃碳减排或置后。

与此同时，长期以来，由于政府定位错位和职能不明，政府一直扮演着中国低碳经济投资的主体角色。当前投融资渠道中涉及市场化性质的在中国运用得还比较少，实际运用的投资渠道仍显狭窄，融资方式较为简单，主要还是依靠政府的财政投入、发行国债、环境保护基金、征收排污费、使用者收费和基础设施产权交易等方式进行投融资，社会、民间、企业和外资等方面参与低碳投融资还十分有限。这些都没有给碳金融的发展形成良好的氛围。

第二，碳金融发展的法律及相关制度不完善。制度是发展碳金融的三大支柱之一，发展碳金融应当有完备的法律及相关制度作保障。可是迄今为止中国碳金融法律法规支持和有关政策制度系统仍没有构建起来，政策相对缺乏且落后于碳金融的进程。如前文所述，中国已经颁布的与低碳经济相关的综合性法律制度较多，但与碳金融发展直接相关的法律制度较少，既没有专门发展碳金

融的系统性政策，也没有明确政策性金融和商业性金融在支持低碳经济发展中的职责和定位，尚没有形成完善的支持碳金融发展的法律及相关制度规范，推动碳金融发展的外在动力和内在利益机制没有普遍形成。比如，商业银行作为以利润最大化为目标的特殊企业，由于货币政策不够灵活，利率体系不够完善，导致无法补偿商业银行对低碳企业贷款承担的高风险和高成本，从而使商业银行发放信贷的积极性不高，难以形成自发的市场配置资金的渠道和机制，进而制约了碳金融的高速运转。与此同时，中国碳金融交易的发展速度也将很快，同其他市场发展模式相似，这里面肯定会出现大量的碳金融风险。可是，中国政府对碳金融监管政策的研究和实施尚属空白。这些都将影响碳金融支持低碳经济作用的充分发挥。

（二）碳金融运行机制不健全

碳金融体系的良好运行很大部分取决于对体系中的构成要素进行良好的机制设计，而目前中国碳金融运行机制不健全也恰恰反映在体系中各构成要素的发展缺陷上，主要包括各金融机构及碳市场建设。其中，整个金融机构既存在系统性问题，也有各金融机构自身的发展缺陷。

1. 整个金融机构的系统性问题

第一，金融资源配置不均衡、结构扭曲。由于商业性金融组织的产权效用函数是"利润最大化"，金融机构必然在利润较高的地区进行配置，具有显著的"城市化偏好"。在中国，金融机构总的分布状态由东部向中西部递减。发达地区循环经济会得到较多的金融支持，而其他地区则存在资本缺乏。同时，随着近几年中国金融业的改革，金融机构为了减少其金融运行成本，不断撤并其农村基层分支营业网点，导致中西部地区、中小城市和农村地区的金融机构分布密度较小。这势必造成欠发达地区低碳经济金融支持的弱化和低碳经济发展的区域非均衡状态的加剧。同时，与二元金融结构相适应，金融资源配置也存在二元配置问题。信贷资金较多地投向了大型企业，对中小企业发展低碳经济的信贷支持弱化。

第二，过分依赖银行业间接融资支持，导致金融风险过度集中于银行业。中国是以银行业为主体的金融体系，长期以来，中国经济社会发展依赖于银行业的融资支持，发展低碳经济亦是如此，主要依靠银行加大对低碳经济发展的信贷投入，给予利率优惠，以及限制对污染企业的授信。由此导致金融支持低碳经济发展的手段相对单一，增加了商业银行的资金供给压力和金融风险。

第三，对银行业的过分依赖，制约了政策性碳金融和民间碳金融的发展。一方面，低碳经济具有跨行业、综合性、系统性、项目与项目之间的关联性强等特点,经济周期长,短期内难以收回投资,私人投资者一般不愿意进入。因此,美欧和日本的开发性投融资机构,都是把财政性资金转化为信贷资金发放运作,运作效率很高。例如,作为政策性金融机构,德国复兴银行对低碳经济发展项目给予低息贷款,其特点是利息低、时间长,最初几年可以免利息。中国目前还没有建立支持低碳经济发展的专门政策性金融机构,现有政策性银行对低碳经济产业支持也不够。另一方面,中国的市场化金融明显滞后,目前还没有完善的市场准入制度,民间资本进入渠道不畅,民间金融发展受到抑制。银行提供的金融服务和业务创新远远不能满足中小低碳企业的需求。因此,要对民间资本可以介入低碳经济投资领域的范围与相关的融资体系作出规范,并给予适当优惠等政策措施。

2. 银行业碳信贷等需求满足程度低

虽然中国大多数银行都接受了碳金融理念并在实践中探索实施了绿色信贷业务,但碳金融的整体发展仍处于初级阶段,存在诸多亟待解决的问题,主要表现在:第一,金融创新与低碳经济发展不相适应。银行业是金融创新的主体。目前中国银行业与低碳经济相适应的业务创新还远远不够,金融衍生工具种类较少,导致无法分散发展低碳经济给企业带来的风险,难以满足低碳经济发展对金融服务的需求。

第二,绿色信贷措施的可操作性不强。这一情况的存在是由于两个层面的原因,首先国家层面对绿色信贷业务流程、规范等相关政策的制定不够明晰,银行对现有本身就不完善的环境政策和管理措施又缺乏系统性的理解和掌握;另一方面从银行自身来看,整个系统内缺乏对环境风险和碳金融专业相关知识兼具掌握的专门人才,没有足够的能力对环境风险进行识别、评估、控制和转移,无法将环境风险管理纳入到整个风险管理系统的建设中,从而导致绿色信贷业务在实践中缺乏可操作性。

3. 证券业直接融资市场体系不完善

中国尚未形成一个完善多层次的资本市场体系,由于主板市场对上市企业的资本、利润等方面要求较高,对企业发行股票上市融资有十分严格的限制条件,大部分低碳企业难以上市。中小低碳企业更是难以直接上市融资,无法利用股票市场这一筹集外部资金的重要渠道。同时,中国严格的债券发行条件,使得债券融资与股票融资相比所具有的"税收底板"作用、财务杠杆效应、不分散企业控制权以及更能解决信息不对称的优点荡然无存,反而增加了企业债券融资的难度。企业主要依靠业主的内部融资(包括业主的股权投资、保留盈余和非正式股权)、商业信贷来取得发展资金。因此,证券业无法为低碳经济企业提供有效的碳金融服务。

4.其他非银行金融机构服务不到位

低碳企业对证券、保险、信托、租赁、理财、咨询以及金融衍生品交易等方面的现代金融服务的需求较高。但中国的基金公司、保险公司、信托公司等各类非银行金融机构因机构数量偏少、资产规模较小、业务范围狭窄，还不能为低碳经济的发展提供充分的现代化的融资服务。迄今为止关注碳金融的除几家商业银行外，大多数金融组织很少参与，并且仍未能构筑专业的碳银行、碳基金、碳资本管控企业、碳经济企业、碳评级企业等碳金融专门组织。

5.碳交易市场发育发展不充分

碳减排交易源自 2006 年，迄今仅有 6 年的研究时间，由于发展时间较短，不可避免地存在市场发育发展不充分的问题。而成熟、健全的碳交易市场应是一个立体的机制建构，其中包括；成熟、统一的市场、注册机制、货币绑定机制及风险监控机制等内容。第一，成熟、统一的碳交易市场尚未形成。2010 年至今，中国很大区域陆续构筑排放权交易市场，除已有雏形的京津沪三家交易所外，政府注册的交易机构有十多个，还有大约十个交易组织已经开始准备。交易平台割据趋势明显并已成定局。虽然中国具备相当大量与极高空间的碳减排能源与碳减排平台，可同其他国家的碳交易平台比较，中国割据和分裂的碳交易平台在大小上和在职能上皆存在较明显不足。作为发展中国家，中国只能通过国际碳基金等中介机构将清洁发展机制项目打包在一级市场进行交易，国内拥有减排额的企业之间不能直接交易。这种隔绝状态使得中国即便拥有世界最多的碳排放资源也依然位于资金链和资源链的最末端。究其原因，主要是国内没有形成成熟的多层次统一的碳交易市场。具体表现为以下几点：

首先，由于中国是非强制减排国家，因此不存在碳排放权初始配额的分配市场，也就无法通过市场来体现碳排放权的稀缺性和碳减排的成本。其次，碳排放权的二级市场机制不健全，发展不成熟。需求方的缺位导致、市场分散均使得碳排放市场的供求机制失效。由于交易分散且缺乏规范和监管，加之在谈判时没有统一行业协会或有经验的国内中介机构进行指导，中国企业间往往缺乏必要的沟通与联系，无法形成对交易价格的一致意见，进而在谈判中总处于分散的弱势地位。而另一方面，数目众多的供应方为实现各自利益，存在着严重的压价竞争现象。与欧洲碳交易市场相比，中国分散而隔离的碳交易市场不论是在规模上还是在功能上都有很大差距，组建全国统一的碳交易体系不仅十分必要，而且迫在眉睫。最后，国内碳金融整体发展滞后。中国当下构筑的碳交易平台基本依然以环保能源进程模式为主体并以项目的交易为根本，并非标准化的交易合同，碳交易实践暂未涉及京都机制框架下的碳排放产品。北京、天津和上海三家环境能源类交易所的发展目标中均包含开展排放权交易，但目前的实践局限于产权、股权、技术转让功能和试验性的自愿减排交易。三家交易所均未涉及京都机制框架下的碳排放产品，更未涉及碳金融衍生产品。虽然国内商业银行的"碳金融"业务有所开展，也设计出一些与业务相适应的碳金融产品，但与欧美发达国家相比仍显滞后，无论是整个行业还是业务人员均缺乏对清洁发展机制专业知识及政策法规的精准掌握，投资 CDM 项目的专业能力及相应金融产品的创新能力严重不足。同时，碳交易市场建设中不仅缺乏成熟的碳交易制度、碳交易场所和平台，也没有天气衍生品、巨灾债券等各种碳金融衍生品的创新产品，更缺少科学合理的利益补偿机制，这样也就无法发挥碳金融衍生品的价格发现和风险规避功能。

第二，注册认证机构的质与量均有较大差距。根据国际间贸易的一价定律，在市场资本完全自由流动的情况下，同一种商品将拥有唯一价格。联合国规定，企业递交的碳排放指标如能生效且交易，必须经过指定的第三方机构认证。然而，目前国内的注册认证机构还处在初级探索阶段，专业能力不受国际认可。所以，释放额的实际确定在国际领域内依旧是无法实现，每国的衡量尺度与途径截然不同，存在造成同质差异费的情况，令平台丧失平衡。在中国，碳释放额衡量的手段桎梏关键在于在车辆物流业，运载车辆的碳释放为的关键根源，可怎样精确衡量运行交通的碳总额依旧是个极大的难关。因此注册机构公信力的不足，导致难以确定交易的可信度。交易虽然达成，但由于没有经过登记，无法查询其相关备案信息，网上公布的交易信息出现错误可能也无从监管。据悉，2008 年，全球 68.8% 的 VERS 在第三方登记处登记备案，而 31.2% 的 VERS 因没有登记备案从而无法对其进行追踪。因此，国内 CDM 项目产生的减排额度要先出售给国际注册认证机构，然后再由其出售给需求方。与此同时，受国际注册认证机制与国内认证方式差异的制约，中国国内注册项目中有很大一部分没有受到国际认可，一定程度上造成了国内外的信息传递机制不顺畅，必然会造成国内碳交易市场成交价与国际市场价格不符。

第三，缺乏强有力的货币绑定机制。国际碳交易市场的无数交易实践表明，由于发达国家建立强有力的碳交易权的计价结算与货币的绑定机制，使其拥有较强的定价能力。目前，国际碳交易市场的两种主要计价结算货币是美元和欧元，定价权的操纵使欧盟的碳减排交易量和交易额均居全球首位。同时，由于 CDM 机制下的发达国家的买方基本都使用欧元、美元等作为计价和结算货币，而中国碳交易市场又是买方市场，没有权力和能力要求对方用人民币计价和结算，无法形成交易的货币绑定，这就进一步加剧了碳交易市场上定价的不平等。

第四，风险监控机制稍显匮乏。碳交易平台身为变革平台，其所暗含的风险还没有充分呈现出来。现在来说，碳交易的风险一般涵盖震荡风险、超标风险与方针风险。因为碳交易额的交易源自于国家的科技层次与节能方案效果，可是节能方案的现实成效结论一般会同估计值迥然不同，所以，针对碳交易水平的震荡无法估计；融资风险与公司的运行风险都将直接作用于碳贸易国的承担能力，可是碳释放额的价格危机亦能够间接形成承担危机，此类未知的超标活动会导致资金中断，令中国在建方案的中止。针对以上的一些危机，相关机构还没有构筑一系列可行性高的管理和操作模式，阻碍中国碳金融平台的进一步拓展。第五，缺少碳足迹盘查。由于在交易之前，未经过第三方核查买方的碳排放量。因此，即使交易未达到碳中和，也能获得"碳中和"标签。这一问题，在中国首笔碳中和交易—天平保险购买绿色出行项目的碳排放量中也存在。

（三）加快碳金融发展的配套政策相对滞后

碳金融发展可能出现的风险缺乏相应的财政贴息等财税激励政策。普遍模式方案为采用厘定舶来商品的二氧化碳排放量与二氧化碳税的课税要求，对舶来商品征收碳税，从而令高耗能行业在欧盟范围内同范围外在相似的贸易范围。海外国家采用此方式把碳价纳进世界交易，勒令它的交易方交付进口边境调节关税。参照社科院的分析，假设边境调节税为10/1碳当量，那么八个能源集中产业的税负总额估计将达108.5亿美元，为交易额的1.28%。若碳价在15–60/吨范围，那么中国资源集中型行业的海外碳费用将达5%左右。然而中国现在从事碳金融因为可行的风险控制、抵押与税收减免这些多元相关措施的不足，促进行业体系从"高碳"往"低碳"变革的有关措施通常令革新公司运行费用大比例提高，获益水平低下，即便具有社会收入，由于经济效益不足，从而使金融信贷风险的提高。而且，对金融组织促进低碳金融进步也许会产生的风险没有有关的财政补贴等报偿措施，在某些层面上抑制了经济机构辅助低碳金融进步的主动性，极易发生低碳金融前进扶持上的商业信贷不足。

总的来说，中国碳金融的整体发展尚处萌芽阶段，中国金融机构参与碳金融业务展开的意识薄弱，积极性欠佳，碳金融衍生品的研发也存在技术瓶颈和人才紧缺，对于碳交易市场的深度发展也缺少相应监管、核查等相关法律制度的完备，这也导致国内碳交易活动匮乏和碳交易市场不繁荣。与当前欧美等国家相比，各方面都有相当差距。

八、中国碳金融完善发展的可能的路径构思

伴随国际减排需求同碳交易平台范围的飞快增长，碳排放权逐渐延伸成拥有融资意义和交易性的融资资本。碳金融日益变成占据碳金融顶峰的重中之重，不仅令二氧化碳减排拥有可持续性的投资方，同时要在二氧化碳减排权中攫取资源效益与稳定的利益，国际上着手构筑碳资本和碳金融模式，其可能对萧条后的经济同金融状况造成大范围而长期的作用。中国怎样把握机遇解决困境，在当下更加碳金融模式中得到控制权迫在眉睫。

着眼未来，平台的竞争有害中国碳金融的进步，亦限制了中国跻身世界碳金融核心的进程。因此，从战略性角度来说，构筑共同的本国内以及世界性的交易市场对于中国碳金融的进程十分关键。只有在统一的平台中，才可以完成环境资源交易模式日益健全、商品层出不穷、资源日益完善，因此，极高程度的参考国际发达平台的发展实例，来实现交易市场的效用最大化，才能使中国碳金融和碳市场具有世界权威性。而碳金融体系的构筑，能够促进世界及中国碳交易平台的全局化，实现海外贸易的充分往来，达成世界商家同中国碳交易主体的接触，令中国企业进一步地接触世界制度，逐步地跻身世界碳交易平台，然后扭转中国在世界平台上的劣势位置，防止许多排放权交易风险，遵循国际碳金融的总体发展趋势。

第五章　碳金融体系运行的机制设计

随着改革开放后中国经济的高速发展，对资源的需要和消耗日益加剧，中国现已跻身国际二氧化碳释放大国。我们可以通过以下数据直观感受，从国际视角观察，中国的二氧化碳排放总量的比重逐年上升，1980年为8%，2005年为19%，可以看出这一比例是逐年上升的。如果假设技术环境和目前政策是不变的，能够预见从2006年至2015年，第一产业占国民生产总值的比例至2016年会接触峰值，其后停止上升。同时，中国的资源组成以"多煤、缺油、有气"为特点的矿物资源组成为主，参考政府估算，在2050年内，煤依旧会是中国的关键资源。可是，伴随着碳金融的高效进步，给中国以矿物资源为根本的资源组成带来了挑战，对碳金融变革带来了急切欲求。

显然，在中国古典的资源组成与经济高速进步的迫使下，低碳经济的发展遭到了巨大的限制，所以，低碳经济变革为碳金融的进步带来相当关键的影响。即碳金融要求低碳经济变革，彼此帮扶。碳金融机制是指社会经济系统中有关低碳经济行为及过程中各个组织或个人为获取一定的利益和报酬（包括社会利益和经济利益），按照一定的投融资原理、方式和方法所进行的低碳经济资金筹集、投放和回收的这样一个动态的循环过程，以及由此所产生的各种内在的相互作用和关系。具体应该包括碳金融框架下的银行业运行机制、保险业运行机制、证券业运行机制、其他金融机构运行机制及碳金融市场运行机制。

一、碳金融框架下银行业运行机制研究

（一）国内外银行业实施碳金融的案例分析

1. 荷银集团案例

荷银集团（主体为荷兰银行）的总部设在荷兰首都阿姆斯特丹，在全球70多个国家和地区拥有4000多家分支机构，通过广泛的全球网络，为企业、个人及资产管理客户提供高品质的服务。参考2007年中旬欧洲《银行家》期刊发表的2007年世纪千所银行的榜单，荷银集团按核心资本排名第24位，按总资产排名第12位。

早在十几年前，荷银集团便开始认识到气候变化、能源短缺、环境恶化等问题会影响商业银行的社会和商业环境，既可能带给银行风险，也可能带给银

行机遇。荷银集团本着"从风险到商业，从新生事物到主流"的理念，在加速实现总体商业目标的同时，积极从经营理念、管理体系、银行业务、银行产品、报告制度等多个方面进行创新，进行碳金融实践。

（1）经营理念创新发起金融界可持续发展自律规范

2002 年 10 月，荷银集团与国际金融公司和其他三家发起银行（巴克莱银行、西德意志州银行和花旗银行）一起共同倡导了在国际金融发展史上具有里程碑意义的金融业可持续发展通用原则—赤道原则。2004 年 3-5 月，荷银集团在联合国全球契约（Global Compact）办公室的协调下，与来自 9 个国家的 20 多家金融机构一起撰写了《将环境、社会和治理（ESG）因素更好引入金融分析、资产管理和证券交易中的建议》（以下简称《建议》）。《建议》包含了对不同角色的不同建议，力求使金融市场上所有参与者都致力于将环境、社会和公司治理因素整合到投资决策中。《建议》坚信金融界最终将构建更强、更有弹性的金融市场，促进全社会的可持续发展。

（2）管理体系创新：建立内部环境管理体系

a. 建立有效地控制体系和激励约束机制

荷银集团董事会每半年讨论一次荷银集团的环境和社会业绩。各董事在与其管理的分行首席执行官每半个月召开一次的例会中也会讨论分行的环境责任和社会责任。总部可持续发展部门负责定义和协调集团的可持续发展战略，并且负责交流各分行的可持续发展经验，支持各分行实施可持续发展战略。一些分行与总部可持续性部门密切合作，建立了减缓气候变化和降低环境污染的实践社区（Communities of Practice，COP），以获得减缓气候变化和降低环境污染的最佳实践经验。

近年来，荷银集团逐步建立起有效的约束机制和激励机制。集团董事会、董事、分行首席执行官、集团可持续发展部门经理、集团公众事务部门经理都有明确的可持续发展职责，荷银集团可持续发展部门制定了明确的环境责任和社会责任业绩考核与评价体系，并建立了良好的内部审计制度，以准确衡量董事、分行首席执行官、集团可持续发展部门经理、集团公众事务部门经理以及各级员工对于银行环境业绩和社会业绩所做的贡献，并根据职责和贡献进行约束和激励，如将分行首席执行官收入与分行环境业绩和社会业绩挂钩等。

b. 采取环境管理措施，减少自身温室气体排放

荷银集团减少自身日常营运对温室气体排放和环境负面影响的目标是到2008 年底将二氧化碳的排放量减少 10%（与 2004 年的水平相比）。实际方案涵盖限制运用资源、增强资源利用效果、可循环能源制造的资源贸易、通过低碳环保长途、限制纸张使用量、完善电子通信手段控制差旅行为、运用可循环

贸易方针等。

（3）银行业务创新：推出低碳贷款等环境金融业务。

a.加强信贷业务的环境风险评估

荷银集团总部的可持续发展部门建立了与各个行业有关的环境因素分析资料库，定期分析研究每个行业对环境的影响，并规定了全行贷款项目环境风险的分类依据、规范了全行环境风险识别、环境风险预评估、贷款项目筛选以及贷款过程中对贷款的环境风险进行动态监控和独立审查的标准。总部公众事务部门则负责对全球温室气体减排市场和环境保护市场进行有效的分析。各分行在总部可持续发展部门和公众事务部门的指导和支持下，自主进行借贷方面的气候风险预测，采用气候风险（高能耗、高污染）区分与气候风险预猜测区分适应气候限定的借贷方案，而且在借贷程序中苛刻采取气候风险控制。

b.推出绿色信贷业务

荷银集团不断加大对低碳消耗项目的贷款，可能会产生温室气体减排或对环境产生积极影响的项目公司可以基于荷银集团的"绿色投资"规章，申请绿色贷款。获得贷款的关键因素包括使用新的温室气体减排环境友好型技术，或者包含在几类具体的温室气体减排环境友好型投资中。

c.其他业务创新

一是推出绿色信用卡（Climate Credit Card）。截至 2007 年，荷银集团已向 100 万银行客户发行气候信誉卡。荷银根据此信誉卡实施的此类贸易为根本估计出释放值，接下来交易对应的可循环资源方案的减排许可。二是建立荷银集团清洁技术园区。荷银集团清洁技术园区旨在推进巴西、印度等仍然高度依赖煤炭的国家发展清洁技术产业。三是其他"碳中性"行动。例如继续支持碳排放披露项目，并与世界上 60 个公司一起位列气候领导指数；继续参与在英国的气候变化问题企业领导小组；在香港签署清新空气约章等。

（4）银行产品创新：积极推出低碳投资产品

a.积极设立挂钩低碳消耗环境友好型公司表现的基金

一是挂钩"荷银气候变化与环境指数"的合伙投资。此基金令注资人能直接探索节能消耗气候温善型上市企业在证券平台上的体现。荷银环境改变和环境标准根据荷银构筑的自然领域标准（包括 8 个分支领域，总计少于 32 支证券），根据单一分支领域在标准中的概率体现它对金融的特殊性和前进前景。二是荷银节能增速器合伙投资。节能增速器基金直接注资于此类未上市，仍进行节能消耗与改善资源效率（如采取太阳能、矿物电池、风能和新型能源）的大企业。三是巴西股票基金（Brazil Equity Fund）。巴西股票基金是在欧洲和亚洲市场推出的第一只跟踪新兴股票市场（巴西股票市场）环境责任 / 社会责任表现良好的公司股价的可持续投资基金。四是可持续全球信用基金（Sustainable Global Credit Fund）。可持续全球信用基金是全球第一批跟踪环境责任社会责任表现良好的公司所发行公司债券价格的基金。另外，2008年伊始，源自对绿色资源未来前进的极具乐观，荷银又一度关注绿色资源金融领域，在今年年初发表"荷银集团瓦斯证券价格标准"绑定固定性款项与"荷银风能能源证券价格标准"绑定固定性款项，检测关键瓦斯机构与风能能源行业的证券行情。

b. 成为碳信用交易市场中的先锋

近年来，全球碳信用交易市场发展迅速，充满了无限商机。荷银集团独具慧眼，帮助建立、保持和扩大碳信用交易市场。欧盟排放交易体系下探信用交易的3/4是双边或场外柜台交易（OTC），在此类市场上，荷银集团的大宗商品衍生品小组作为市场的组织者和参与者，分别向实际交易双方进行交易，用自己的资金连接碳信用交易双方，组织双边或场外柜台交易活动。不过，虽然欧盟碳信用交易活动的3/4是场外柜台交易和双边交易，但半数以上的场外柜台交易都是通过交易所，特别是欧洲气候交易所结算交割的。因此，荷银集团于2005年，正式成为位于阿姆斯特丹的欧洲气候交易所的会员，向欧洲气候交易所提供流动性支持，以在不断成长的碳信用交易市场中扮演先锋的角色。在联合履行和清洁发展机制市场上，荷银集团凭借其丰富的JI、CDM项目开发经验以及雄厚的碳信用购买实力，与众多经济转轨国家、发展中国家的公司合作，协助它们从JI和CDM项目中获得技术支持和资金支持，并进一步帮助它们提高从碳信用交易市场上获益的能力。

c. 帮助低碳消耗环境友好型公司发行公司债券

ABN AMRO Groenbank B.V是荷银集团的一个全资子公司，其建立的目的就是为了向低碳消耗环境友好型公司提供资金。该公司帮助低碳消耗环境友好型公司发行5年期或10年期的公司债券。

d. 以战略投资者身份入股低碳消耗环境友好型公司

2005年，荷银集团用于社会责任股权投资的资金为19亿欧元；2006年，用于社会责任股权投资的资金增加到21亿欧元。另外，2006年，荷银集团帮助了一些低碳消耗环境友好型公司在伦敦股票市场上首次公开发行股票并上市（IPO）或为这类公司上市再融资提供财务顾问服务。

（5）报告制度创新：发布可持续发展报告

自1999年起，荷银集团针对其为社会所做的环境改善工作，每年单独发布一份与年度财务报告一样重要的年度环境报告。2004年，荷银集团开始根据全球报告倡议组织（GRI）的《可持续发展报告指南》编写年度可持续发展报告。2006年，GRI发布《指南（2006年版）》（以下简称G3）后，荷银集团表示了积极支持。荷银集团的经验表明，好的报告规范会促使银行在对其可持续发展进程进行测量、监测、分析和陈述的过程中，更好地了解自身已取得的成就、不足以及未来努力的方向，促进银行更快、更好地实现可持续发展。

此外，为帮助提高环境绩效管理，荷银集团在 BU Europe 等分行开展了一项试点项目，即基于网络的可持续性报告解决方案。可持续性报告解决方案是试点分行在网络上，以标准的形式，使用自动化的流程，报告能源、纸张、水资源消耗等方面的关键绩效数据。关键绩效指标系统是荷银集团根据 GRI《可持续发展报告指南》和 VFU 指标（由 VFU 公司开发的一套与环境相关的指标体系）设计出的指标。可持续报告解决方案使得荷银集团总部可以对各分行的环境绩效进行比较并建立改善目标和措施。2007 年，荷银集团在集团内部全面开展了可持续性报告解决方案。

2. 兴业银行的碳金融实践

举兴业银行为参考，它同国际金融组织（IFC）的资源投资消耗分担模式，为中国当下十分有效的模范的碳金融商品。本方案以推动银行碳金融发展与为它带来投资服务的自主性为要求，有效地分析了怎样维持对信贷者利益的维护及控制银行借贷风险的途径。

中国的商业银行当下遇到崭新的服务范畴。据权威信息表明，在中国"十一五"时段，低碳注资总量突破六千多亿元。若我们估计一半的资本源泉出自银行借贷，三千亿的市场需求对金融业来讲为一个不可错过的契机。2006年中旬，中国兴业身为第一个实现低碳借贷的商业银行，同国际金融组织协同，合作制定了"资源效能投资方案"。彼此制定了《缺失分担合同》，参照此合同，国际金融组织为兴业带来了 2 亿元的本金缺失分担，从而可以维系 4.6 亿元的借贷结构。而且，兴业以国际金融组织许可的低碳、节约型公司与方案为主要投放借贷对象，由国际金融组织带来科技方针同时获得中介费。2007 年 3 月21 日，首笔能源效率贷款在济南分行成功落地。

在第一个方案取得胜利后，兴业对低碳环保借贷采取了大尺度变革，发布了大量新的方案，包括：资源制造、资源运载、资源运营等诸多程序。此类低碳环保借贷体系超越了当初公司借贷关键承保标准低、时期不长等原有不足，控制借贷条件，发展借贷区间，使借贷时长最长可至五年，并能够参考方案的现实资金转移采取分期支付的途径。特别是针对此类质押品不足导致无法完成承保指标的中小公司，节能减排贷款模式通过侧重考虑第一还款来源的有效性，科学分析项目的现金流，大胆创新并运用信用增级方式，较好地解决了它们贷款难的问题。

在机构构筑方面，兴业构筑了一个涵盖董事长同行长的跨组织合作小团队。

且银行仍在不断健全方案，目前构建了方案贸易区别指标、领域运行规章、风险预计指标及控制指导等。在实际操作角度，构筑了总部和分部运行协作模式，以总部的角度颁布了《有关赤道原则采取的诸多看法》，从项目运行、顾客交流、地方运营模式等层次，对赤道原则的切实执行指出了一整套运营态度。而且，银行也赞成同管控机构、赤道原则下的金融机构、本土银行和 NGO 从事经常性的贸易沟通。而且，该行现在构筑了有关的商品线与独有的风险管理途径。

兴业银行同国际金融组织彼此协助，采取平台化运营模式，令彼此的投资、公共项目扶持同风险控制技术高效组合，极高水平地促进了中国低碳节约项目的高速进步。业务开展中的技术手段主要有：第一，信贷者利益维护。兴业行长李仁杰同国际金融组织 Vice CEO 于 2006 年夏季在沪制定了《亏损分担合同》，此全球聚焦的合同意味着彼此可以投资协同模式正式运行。参考此合同，国际金融组织赞成兴业对资源型企业发展借贷，赞成公司购入低碳机械。如果借贷确定成亏损，国际金融组织将参照《亏损分担合同》分担兴业的亏损。运用该维护模式可以良好地监管银行的借贷风险，来实现公司对低碳机械的购买。此模式令国际金融组织同公司双方共赢。此模式采取对借贷风险区分、担保权设置、证券完善等程序的操作，显示了相对健全的运转方式，这里对维护信贷者信用的实践值得认可。

第二，弥补信贷者利益补贴机制的缺陷。国际金融组织参照合同抵偿借贷亏损，而非借此盈利。国际金融组织认为如果兴业可以参考世界上的先例，采用有利的借贷审核与结算方针来进一步地维持信贷者利益。一方面对国际金融组织的权利给予了有利的维护，另一方面也健全了当前采纳的方针方案。在世界上，信贷者可以采用借贷许可方针与借贷协议来维持个人利益，这里面涵盖声明和保证细则、约定项目细则同违约项目及补偿救助等权益细则，这些细则可以具有一系列健全法规制度与判例的辅助。和世界借贷比较，中国的银行借贷合同基本是依仗担保法和协议法两部法规，即便大致包括上述法规，可是能够实施的个人维护途径相对不足，限定了银行和债务者签署借贷合同时应具备的积极性。

第三，流通资产担保的飞跃。参考《亏损分担合同》，兴业在进行低碳机构融资借贷情况下，应要求借贷公司提供抵押。世界贸易机构提倡，在对公司借贷要求设备固定抵押权的基础上，仍需要将公司的盈利部门同收入账目进行借贷抵押，这会充分地促进公司还款的意图。

旨在于避免地面临银行业的借贷收入，令银行借贷的风险降低，本土银行可以尝试对公司运营盈利与其他模式盈利进行流通资产担保。国际金融组织在《亏损分担合同》中提议兴业："银行应至少对贷款项下的设备取得第一抵押权，并进行有效的抵押登记。银行还应考虑是否需要其他的保证形式，包括债务偿还准备金和抵押固定资产、质押其他应收账款等担保。"此类担保革新创意的出现是一种共赢的实践，这不单有利于低碳型公司可以早日取得借贷，而且对银行健全中小公司借贷的许可程序同风险方针亦十分关键。

第四，借贷亏损共同分担。兴业同国际金融组织达成协议，假使银行采用法律途径（采取适当的诉讼方式）仍难以追讨的贷款能够确定为借贷亏损。当借贷认定为亏损时，此合同认为，国际金融组织可根据相应额度进行赔付。旨在于提高借款者的归还意愿，保证贷款的及时收取，兴业需要在贷款合同中设立主动帮扶细则。举公共服务提供商的例子，国际金融组织倡导能够适当将借贷催收同公共服务费催缴彼此融合。如此，当公司难以常规偿还时，银行能够获得公共服务费。而且，旨在于协助银行监管该公司及时清还，供应商也需要停止向该公司给予公共项目服务。

第五，风险控制。国际金融组织需要同兴业一起开拓适合当下平台、风险可控且能指标化、具有低费用与易运行拓展的指标的新投资项目。国际金融组织也需要帮扶银行对于差异借贷客户与借贷方案的风险水平赋予有利的投资商品的风险定价控制方案，进一步提供适当的风险定价模型。需要服务银行提供有利投资方案的借贷审核运行流程与指导，其内容基本涵盖：固定资格借款者、达标方案和达标设施的指数、确立能耗方案事前研究、事中考核与贷后审核的运行程序、对银行借贷风险控制给予提议等。而且，也需要向银行介绍国际中小公司融资的完善商品与试点先例，并给予事项咨询辅助。

有益融资方案在核贷期间同古典借贷具备一定差异，有益融资方案的核心特征是在借前审查期间。在审查期间，有益融资方案更倾向于研究方案进行后的资源节能利润，具体是审核借款者、方案、设备等能否适应相关资源方案要求。在贷款审核阶段，能效项目贷款从损失分担协议出发不再要求采用抵质押、保证等担保措施涵盖项目全部风险敞口，而主要依据对贷款风险概率的评估进行决策，不强求客户的充分担保从而方便了能效企业的融资。在风险控制管理层面，有益融资运用了同时设定借贷担保途径和信用升级途径，这里涵盖认可借贷项目中进行的首位质押权，借款者确保金户头，与公众服务机构的服务协同等。

发展碳金融并不仅仅是技术层面的问题，实践中还必须在制度层面上构建碳金融产品的激励性机制和风险保护机制，并形成可持续发展的根本途径。兴业银行与IFC在能效融资项目上的合作，既为国际组织贷款开辟了全新的碳金融发展模式，更重要的是促使兴业银行能够以国际的视野，借助IFC成功的贷款运作经验，在贷款风险评价、合同保护、清收政策等方面对现有制度进行避免地面临和改进，进一步促进中小企业贷款业务的发展，并从新的角度促进对国内信贷人权利保护的研究，推动信贷人商业利益与低碳经济的双赢。

3.国家发展银行的碳金融实践

国家发展银行身为政策性银行，始终为中国低碳事业运行做着贡献。发行采用信贷投资的方法扶助了许多低碳方案构筑与节能领军行业的进程。而且发行也热衷进行中小企业的节能环保。在处理核评方案时，发行实行一票否决，对无法达到标准的全部方案还有未能符合环境评估的方案，按照政府的要求不予审核与借贷。在"十一五"期间，发行提供500亿元政策性贷款，用于支持国家"十一五"环保规划的实施。

发行通过以下三方面不断增加对资源维护的扶持强度，试图突破碳金融的发展瓶颈。首先，积极把发行的金融优点同关键的机构协同优点融合在一起，通过投资促进碳金融的平台构筑。低碳环保在发行与区域组织制定的发展性融资贸易合同中是重中之重，此行同中国气候总局制定发展性融资贸易合同，参照中国低碳方案，对中国几大自然维护地区与关键自然维护方案给予大尺度政策性辅助。其次，做好项目实施的前期规划。发行提供类似世行、亚行的技术援助贷款，积极参与和支持编制环境保护规划，推动规划先行。最后，具有综合化的融资商品和协助。发行一方面在借贷时间、借贷息率这些角度对自然方案给以相对辅助，另一方面努力寻找新的融资手段，给低碳行业赋予多变、快捷的融资质量。

在2008年转型为商业银行之前，作为中国最主要的政策性银行，开行已经成为支持"绿色"事业发展的重要金融机构。早在2007年，在监管层出台绿色信贷新规定之后，为落实绿色信贷政策，接连制定了许多借贷方针，一方面严苛操控向"两高"部门借贷，另一方面构筑了"低碳环保专项借贷"，重点支持制造业绿化管理、城市污水处理及再生利用、城市固体废物处理等重点领域综合治理。2008年，开行由政策性银行转型为商业银行，在业务开展中，仍然对绿色信贷业务非常重视。严格市场准入条件，控制向"两高"及产能过剩行业贷款。在指标制定上，开始更加贴近不同地区、不同行业的实际情况，坚持做到环境评价指标的一票否决制，对未通过环境影响评价的项目，开行都拒绝承诺和发放贷款，从源头和制度上防范贷款项目的环境安全风险。

国发行于2009年向南部建筑材料给以了"低碳借贷"7.5亿，接下来又当做旗舰活动该公司获得了银团借贷，高效地辅助了南部建筑材料下设22家公司的23条制造线散热制动方案变革，据预测，方案建立后，年发电额可至10亿千瓦时，年省出煤35万吨，降低二氧化碳释放值91万吨，2009年二月，发行与环保部签订了开放性金融合作协议，明确了"绿色贷款"支持环保领域的方式和重点，随后积极开展并完成了《低碳生态园区发展模式及融资模式研究》、《排污权质押可行性研究》、《环保生态专项系统性融资研究》等课题研究，从而指定该行许可低碳的关键范畴同角度，自主研究辅助低碳环保的新方案、新商品，也构筑"低碳借贷"市场，以流域管控、气候管控与低碳环保科技革新为关键，辅助低碳金融，此类皆为"十二五"阶段低碳环保事业的发展给予了帮助。时至 2010 年中旬，发行在低碳等融资范畴给予的借贷达 3500 多亿元，有力地支持了国家十大重点节能工程和清洁能源、重点流域水环境治理、城市和农村环境综合治理、工业企业节能减排技术改造等领域。

（二）商业银行运行机制分析

商业银行是融资平台的中介组织，是国民金融各层次的关联桥梁。在能源组合角度，商业银行具有确定稀缺资本注入的职责，对金融的影响同拓展起着不可或缺的影响。在碳金融层次，商业银行的影响一样举足轻重。对于中国商业银行碳金融运行机制的构建应从内部机制和外部机制两个方位进行。

1. 商业银行内部运行机制分析

第一，构筑商业银行自检达标环境控制。世界著名银行通常参照世界化规范化机构进行确立的气候控制指标，构筑自行气候控制模式同高效的激励管控模式。令碳金融方针尽量融进全部机构内部同诸操作线的监控、进程与变化里，模式化地解决二氧化碳释放与气候污染状况。实际方案涵盖控制利用资源，改善资源利用效率，购入可循环资源制造的资源，运用低碳环保材料，降低纸张使用量，建立电子通讯机制降低差旅行为，采纳可延伸采购方针等，以尽量地降低银行寻常运行对二氧化碳释放和气候的反面作用。

第二，构建推行绿色信贷的银行治理结构。改进银行治理推行绿色信贷的方向有：首先，参考银行企业治理模式的变化，制定对应的低碳借贷实施方式。必须强化股东权利，完善股东提案制度。对此，国际诸国制定法规同有关的世界机构皆制定了"推荐意见"和"指导原则"。举美国为例，证券管理委员会颁布了有关股东提案的规则。依据这一规则，股东可以依法请求公司的经营者，将其提案列入公司征求委托书中，寄发各股东。而经营者面对股东关于规避信贷环境风险的要求，不得不将其提案考虑在内，从而采取妥协方案，这样既有利于股东长远利益的实现，又有利于绿色信贷的推行。

其次，根据股东目标的变化，设计相应的绿色信贷推行路径。股东目标的多样化影响银行的经营行为。投资者进行证券投资，其目标不但考虑经济方面，有时还考虑社会、公司控制等方面，尤其是出于社会和伦理因素而投资的所有者，必然影响银行的经营行为。所以，应多鼓励具有绿色意识的个人和企业购买银行的股票，成为银行的战略投资者，以更好地监督银行的经营。

最后，参考股东构成的改变，制定对应的低碳借贷运营方式。这半个世纪，在欧洲发达政府企业的投资中，关键的不同就是机构投资者变多。机构投资者在增加其会员收益时提高了企业的公共服务职责。因为机构投资者既注意企业的财务成绩，也对企业的方针同未来进步相当关注。所以，低碳借贷也可能加入到它的范围内。因此，需要快速吸收拥有绿色观念的机构投资者。美国在这一方面就值得我们借鉴，1970 年，欧洲机构投资者进步迅速，机构投资者的资本大小从 1975 年的 \$460 亿增长至 2005 年的 \$80000 亿，增长了近 20 倍，机构投资者正逐步替代家族开始在上市公司中发挥越来越重要的作用。

第三，建立绿色信贷机制，优化绿色信贷流程。从国际经验来看，绿色信贷产品主要有七类：项目融资（Project Financing）、绿色信用卡（Green Credit Card）、运输贷款（Fleet Loan）、汽车贷款（Auto Loan）、商业建筑贷款（Commercial Building Loan）、房屋净值贷款（Home Equity Loan）和住房抵押贷款（Home Mortgage）。

商业银行要参考个人行业特征确立有关计算碳金融方案有效投资需要的借贷模式。需采取择优录取的借贷方式，对碳金融进步带来刺激，确立鼓励的借贷方案。一是严把贷前准入关。建立绿色信贷决策制度，在对项目进行贷款融资之前，引入环境因素系数，将贷款项目是否符合国际环保政策作为贷款决策的重要先决条件。在贷款调查环节，应认真调查核实客户的治污设施建设投资情况、运转情况、排放达标情况并将客户的环保、节能问题作为重要内容。同时，为了防范因违背国家环保政策而形成信贷风险，应外聘水利、电力、道路等方面的专家，在贷款审查环节中重点对项目的可行性、环境影响、项目建设可能出现的问题提出意见。严把贷前准入关，银行在贷款审查中，要求企业必须有环评报告，对于未经环保行政主管部门批准的新建、在建方案，完全不给予无论何种手段的借贷援助。

二是加强贷后管理。贷出去的款项由于各方面原因影响，仍然存在风险的，风险太大，贷款则是失败的，因此，贷后管理就成为绿色信贷政策能否取得实效的关键因素。在贷后管理中，银行要通过多种途径加大对企业环保信息的跟踪力度，发现企业环保方面存在的问题，同时要将企业环保信息及时录入信贷管理系统，降低和防范环境违法突发事件带来的信贷风险。

三是有保有压，合理配置信贷资源。贷款手续的繁杂降低了投资项目的效率，因此对于刺激类贸易方案，银行需节省借贷办理时间，努力进行借贷辅助；但对于管制类贸易方案，需划分处理存量方案同增量方案，对增量方案不给予借贷许可，而待存量方案，需同意存量方案的公司在固定期间内解决，参考借贷规章提供有效的借贷辅助；对无用类方案，需在控制借贷风险的层面马上终结放贷，同时进行收缴与维护已给予的款项；对非以上几种的认可类方案，在参考借贷规章给予借贷辅助时，需注意分析方案的能源控制与气候维护等方面；未执行环保审批和验收的项目、未按环保审批要求落实环保措施，依法被环保部门查处的企业将不能得到各金融机构的信贷支持，已发贷款也要被追回。

第四，拓展商业银行碳金融产品及业务创新。发展基于碳权的融资租赁业务。商行及出租企业能采取融资租赁的手段，让金融机构为方案公司买进此类仪器，接下来将仪器租赁给方案公司运行，公司需在卖出项目的盈利中缴纳租费。通过集资租借途径充分地流通了公司的资本流，令公司无需注进大笔资本买入排放与垃圾分解仪器，满足了公司对流通资本金的迫切需求。亦能够通过将集资租借与碳权抵押借贷同步的方式来鼓励企业减少碳排放。同时还能够控制公司盈利权实现的风险，进一步控制碳权抵押借贷出现坏账的概率。

进行以碳权为基础的托保项目。托保亦叫委托保付，由银行同售出公司达成协议，售出公司把通过赊销途径运营交易所产生的需收款项交给银行，并为公司给予多元性融资帮助，涵盖筹款、需收钱款监管、需收钱款催缴与信誉风险保障等。在托保项目中，需收钱款的出卖是其核心业务。如果公司取得许可，那么就在仪器制造商家买进仪器产生需收钱款，假使银行及其他金融机构可以给销售公司（仪器制造商家）进行一项有补偿权的托保项目，购入公司在出让后便可以对银行分笔缴纳需收钱款。在现实操作中，亦可考虑把托保与融资租借组合在一起利用。

努力拓宽碳基金理财商品。积极开拓碳基金市场，既可以有在对潜在目标客户群分析研究的基础上，针对特定目标客户群开发设计并销售资金投资和管理计划，也可以有面向普通公众投资者的开放式基金管理计划。碳基金理财商品可以把顾客闲置的货币集资在一起构筑特殊的碳基金，给拥有前景的节能减排方案与信誉状况可靠的公司给予方案资金，此刻投资者便能够从公司售卖 U 减排指标的收益中获得增值盈利。

探索信托类碳金融商品。这类设计理念是为那些具有环保意识和碳金融知识的企业设立碳信托投资基金，将这笔资金投资于具有 CDM 开发潜力的项目中，通过这些项目的开发获得相应的 CERS（清洁发展机制减排单位）指标。对于 CERS 指标，信托公司可根据企业不同的需求来进行处理。如果一些企业具有长远的战略眼光，认为企业未来减排需要这些指标，那么信托公司就可根据该企业所缴纳的信托资金按照当时的市场价格换算成相应核证减排量（CER）指标配额分配给该企业以供它未来之需；如果一些企业加入该信托计划仅仅是为通过 CERS 指标的买卖来获取一定的收益，那么，信托公司就可将该企业可分配到的 CERS 指标在碳交易市场出售后支付一定的利润给该企业。

不断促进碳金融资本的证券化项目。碳资本也就是公司把拥有研究前景的碳资本出售给具备特殊要求的组织和企业，企业把此类碳资本注进资本流，再通过此资本流所形成的货币流为保障在融资平台上发放股票集资，接下来通过资本流形成的货币流来返还所发放的股票。亦可把商行通过碳权的集资出租、碳权抵押借贷、公司相应碳释放权的需收款项及银行托保等产生的资金结合产生资本流，发放资本保证股票。证券化充分地促进了碳资本的市场性，而且转嫁了危险，这会非常有助于碳金融的进步。

拓展中介服务及项目开发业务。一方面，商业银行可以采用担任商务咨询、给予问询支持等途径，进行中介支持并得到中介费利益。同时，随着碳金融平台逐渐壮大发展，商行能够通过它的经营途径，通过银行自己行业精英，挖掘方案运行的有利顾客，同时构建专项队伍进行方案的分析、确立、认证、检测、对较、许可整个流程。对已结束的方案，商行也能够通过它的国际支行提供买家，来促进银行的国际项目进行。同时针对本土公司来讲，商行经由给它的方案赋予信誉升级来令有银行保证的项目更具平台爱戴。研究方案运行及中间支持项目能够协助方案通过 EB 许可，通过银行来分摊方案的科学性、平稳性、可持久性等风险，积极达到公司同银行的共赢。

努力开展二级平台交易。尽管身为欠发达国家的中国无法进行排放交易，但目前 CDM 同欧洲排放交易机构等平台的交易要求亦并未抵制欠发达国家直接加入高层次平台交易。中国商行便能够通过此契机开发项目，通过申请欧洲交易所席位或委托在交易所拥有固定席位的经纪公司直接进行 CER 二级市场交易。除以上产品及业务创新外，还可考虑开展碳信用卡、托管进入中国的碳基金业务、套期保值交易以及开展碳掉期交易、碳指数、碳期权和期货等各种碳金融衍生品创新。

第五，切实防范碳金融业务的经营风险。商业银行需促进内部监管模式构筑，构筑完善自我管理的可行模式，构筑以危机控制和危机提示数据监控模式为重点的健全的风控模式，及早了解融资运作情形，估计提示相关投融资风险，从而保障商业银行自身的金融安全。

首先，商业银行需要准确了解行业体系变革，在借贷资本分配层次做好对应改变，充分防控体系变革期间的危机。每个相关机构需由上至下、由下至上地促进指引服务，促进商行在达到实际盈利与可持续运作状态的同时，控制公司体系变革期间出现的借贷危机。其次，商业银行要挑选预期收益好、保障高的方案，同时在赋予借贷的程序中采取财团借贷、分笔注进借款等途径控制借贷的信用危机。再次，实行必要的套期保值以防范汇率变化的风险。项目将来本息通常是通过外汇清缴，商行需采取有效的套利报价，来控制汇价波动的危机。最后，针对政策风险，金融机构可采取变革有关的协议细则，争取把不能负担的风险转嫁给外籍参与者；针对法律风险，在签署协议程序中，可进行问询和雇佣熟悉世界法规的律师组织，完成对金融机构有益的法规应用与法规要求。同时，还可研究探索责任保险等商业险种，转嫁碳金融项目中的运行风险。

第六，强化"低碳金融"软环境的构建。在精英教育、模式构筑、电子信息、项目拓展等层次，数项并行，从多个角度进行拓展。当中人才最关键。商行需进行"节能经济"精英中远期教育与拓展计划，在教育、引入、吸收、沟通和利用等角度，通过公平竞争、择优选用，引进、培养和造就一批熟悉国际惯例、金融法规、现代金融管理理论和现代管理技术的复合型金融业人才，全面提高金融业经营管理水平。需努力增加碳金融理念的内容，积极将银行组织理念、融资领域文化理念、民众信誉理念同世界通俗理念相结合，来进一步地促进碳金融支持活动的良性发展。

2. 商业银行外部运行机制研究

第一，强化商业银行的环境责任。企业经营产品，商业银行经营货币。作为一般意义上的企业，承担社会责任是建立公信力的最佳途径。作为经营货币的商行，也不得不履行应有义务，其中生态义务特别关键。商行在符合积极国家福利项目、平台交易要求、进行合法运行、保证公平公正的基础上还应当积极参与环境保护。现实中，由于制度原因，商业银行在追求利益的同时忽略了其应当承担的环境责任，有时甚至将环境责任与投资回报对立起来。原则上讲，商业银行履行生态义务同达到运行要求有相当的同步性。当今情况下顾客越发关心公司的诚信、信誉水平，所以在挑选贸易银行的平台氛围下，商行的生态义务假使不足，可能会被顾客与平台排除。银行所追求的不能是单纯的"利润"，而应当是"效益"。这个"效益"既包括经济效益，也包括环境效益在内的社会效益。同国际银行相比，中国银行业的社会责任理念的欠缺制约了中国银行业的可持续发展能力。因此文章认为，中国银行业的当务之急应当在于着重提升社会责任理念，从而使追求利益与建立公信力产生良性循环。

第二，加强制度建设，构建发展绿色信贷的外部激励机制。发展绿色信贷并不单纯是科技水平的方面，现实中还不得不在体系方面上进行拓宽绿色信贷的激励性机制，以推动绿色信贷的观点。从政府的观点来讲，政府在进行低碳借贷、促进可持续性金融同融资变革共赢的程序中，要对自己充当的地位采取精准认识。一方面要进行出台一整套规章、制度和倾向方针，促进银行增加个人的生态义务，加剧寻求生态契机的主动性。而且要出台有关的条文、细则和方针，促进符合中国现状的低碳借贷商品日益崛起并快速进步。

第三，完善环保信息共享制度。银行的安全性经营原则与贷款的环境风险紧密相关。获取企业在环境治理方面的信息，对商业银行建设良好的信贷风险管理环境意义重大。良好的信贷政策必须通过有效实行才能产生实际效果，而政策执行关键在于相关职能部门的信息共享和监督把关。把环境信息系统与金融部门共享，保障环境保护与金融信贷的联动，将是环境保护与金融安全的双赢。

环保部门、银行和中国银监会及时充分交流信息，牢牢掌握第一手材料，互相通报相关方面的规定、制度并建立起可操作性的规程和措施，是保障绿色信贷政策有效落实的当务之急。要制定配套性的政策措施和标准，强调相互的关联性，明确审查和监督的衔接性，消除制度上的漏洞。不仅要让银行部门充分了解环评程序、环评文件的合法性，还要将对污染企业的通报以明了的方式传递给银行部门；不仅要让银行部门看到环保部门的工作程序，还要让他们看得懂、看得明白。而银行部门也应与环保部门积极配合，及时把相关企业的信贷信息传递给环保部门，便于环保部门及时了解企业动向，提前介入监管。

如果将环境信息纳入企业信用信息征信系统，则不仅有利于建立更为全面完善的社会征信系统，而且还可以进一步增强环境政策的执行力。环保部门向金融部门所提供的环境信息是多样化的，既包括企业环境违法、排放总量超标、发生重大或特定环境污染事故或事件、拒不执行环境行政处罚决定等负面信息，也包括通过环保"三同时"审批、环保认证、清洁生产审计、环保先进奖励等"利好"消息。如果企业在一地违法，则该企业在全国都将寸步难行，其在贷款申请、年检、上市、评优等活动中都受到限制和影响。与之相反，若企业在环境保护上成绩突出，则会相应地得到信贷政策的优惠倾斜。这样，绿色信贷制度必将强化污染治理、加强技术创新从而加快了企业淘汰落后产能和工艺的步伐。

（三）政策性银行运行机制研究

1994年，中国根据发展需要组建了三家政策性银行，即国家开发银行，中国进出口银行、中国农业发展银行，中国对政策性银行的定位是以改善人民生活，增加国家竞争力为使命，不断拓展业务领域，支持国家基础设施，基础产业以及高新技术产业的发展为目标。目前，政策性银行在中国金融体系中发挥着越来越重要的作用，是引领中国金融业健康发展的重要力量。在2007年7月，国家相关部门颁布了《关于落实环保政策法规防范信贷风险的意见》。同时，低碳经济产业具有的公益性本质及基础产业的地位决定了政策性金融支持的必要性和重要性。

1.1 充分发挥政策性银行的引导作用

一般来说，低碳经济产业运营的固定成本高，一次性投入资金量大，建设周期长，投资回收慢，这种特殊的投资特点较大地抑制了追求自身利益最大化的商业性金融机构以及私人投资者等社会资本投入低碳经济产业的积极性。政策性金融的最终目标是通过自身的活动促进低碳经济的健康稳定发展。政府财政投入要通过政策性银行来进行，且要重点投向战略性的、关键的、大型的低碳经济技术创新和产业化项目，加强低碳经济的基础工程建设，吸引商业银行支持低碳经济的发展。

发挥政府投资对社会投资的引导作用，应当重点支持与低碳经济中的环境、资源等问题相关的基础设施建设融资，利用政策性金融活动来影响低碳经济的发展，促使企业经济效益、生态效益和社会效益的全面提高。利用低成本的政策性资金来支持低碳中小企业融资，对低碳型高科技产业优先给予资金补助、贷款贴息等支持，有效发挥政策性银行对发展低碳经济的支持引导作用，弥补政府融资的不足，为低碳经济建设项目提供期限长、利率低的政策性信贷资金。

此外，除了利用现有政策性银行强化对低碳经济的金融支持外，还应建立专门的低碳经济发展银行—低碳经济政策性银行。这是财政与金融机制有效对接的最为现实可行的模式。这不仅可以弱化金融资本的逐利性，为低碳经济生产提供政策性或廉价资金支持，还可以协调全国低碳经济发展的金融支持。

2. 利用行政手段推动绿色信贷产品发展

行政手段与其他经济途径相比强度高、硬性化，但对情况变化的适应性较差。因为中国银行业中，国营持股商行位于领军级别，为促进银行行业进行低碳借贷活动的积极性与主动性，应借鉴国外成功经验，将行政手段作为经济手段的辅助工具，适时谨慎引导经济主体的行为选择。商业银行的逐利性使其从盈利的方面考虑而存在不愿意投资的领域，政策性银行则需要从有利于国民经济发展、金融盈利成果慢、资本回笼时间久的方案采取募集。在低碳借贷的运行当中，方针性银行需要确立其所处的地位，需要将维护生态与有效利用资源当成个人的关键责任，在借贷发放时不能够单纯以收益方向分析，同样更需要有效分析生态影响，积极促进低碳借贷。同时，通过加强与政府部门的沟通和合作，发展以政府信用为担保的低碳经济项目融资。对国家重大科技专项、高新技术产业化项目等提供贷款，给予重点支持。

3. 与环保非政府组织合作，提高绿色信贷产品实施力度

在西方发达国家，政府和环保非政府机构通过多项方法与途径为银行碳借贷的进行与从事带来了巨大的辅助，中国应借鉴经验，加强政策性银行与环保非政府机构的贸易。节能非政府机构由于它的公益性，在低碳借贷商品运行程序中具备两项重要功能。第一，节能非政府机构通过其民众作用力向银行与贸易机构采取敦促，银行受制于民众声音的压迫，便要进一步地承担公司公共义务；而且，商行从自身长远发展着眼，将与环保非政府组织合作出售低碳借贷商品，银行根据其收益情况或其他指标为环保非政府组织提供资金，以支持其环保行动和绿色计划。此外，加强与商业银行的合作，发挥各自优势，通过联合贷款、转贷款等多种合作方式，为起步资金大、项目回收期长的重点低碳经济项目提供全程的金融服务。

二、碳金融框架下保险业运行机制研究

在低碳经济发展方式变革中，经济主体必然面临着新的机遇，同时更面临着新的风险与挑战。保险业作为金融行业的重要组成部分，作为市场经济条件下风险管理的基本手段，具备怎样的外部与内部运行机制方能在低碳经济的发展过程中发挥其独特的防范风险、保驾护航的作用，这将是本节研究的主要内容。以下从四个方面阐述低碳经济背景下保险业的运行机制。

（一）碳保险的可行性分析

从成熟市场的金融结构看，保险已经成为居民储蓄的主要方式、金融体系的重要支柱以及资本市场重要的机构投资者。在金融市场异常激烈的竞争中，保险业保持并不断提高市场份额。

1. 碳保险兼具风险化解与资本投资的双重金融功能

中国低碳经济建设起步较晚，存在着巨大的生态环境压力，面临巨大的资金缺口。借鉴发达国家经验，当前只有大力发展风险投资，广泛吸收社会上其他闲置资金，才能有效填补这个缺口。但风险投资于低碳经济无疑具有一定的风险。同时，由于在发展低碳经济所需技术的开发和应用中不可避免地存在风险，防范和化解这些风险就显得十分必要。低碳保险顺应时代而生，富有巨大的金融抵偿与公共风险控制效果，在维持金融、均衡民政、加快进步、造福人民中发产生重要的积极影响。它既是政府运用市场方式管理社会风险的重要手段，也是经营主体和社会公众生产、生活风险转移的有效方式，其兼具风险化解与资本投资的双重金融功能，可以通过购买或参与设立风险投资基金或通过在主板、二板市场认购低碳企业发行的股票、债券等形式参与低碳经济的投资。相对传统的非低碳保险具有其时代特性和鲜明特征。低碳保险契合当代低碳经济的进步途径和渴望，在进步意识上，碳保险关注金融、民政和生态和谐；在进步方法上，碳保险是内涵式与集约式的进步；在发展环境上，碳保险关注在低碳经济和碳金融下进步并彼此结合；在实现目标上，碳保险把保险业可持续发展作为终极要求。

2. 碳保险有助于实现经济和环境的"双赢"

环境污染责任保险是一项国际上普遍采用的能够较为有效地应对环境污染问题的绿色保险，其指公司为或许出现的生态问题风险在保险行业保险，让保险企业对环境损失人给予补偿。保险企业对投保者的生态风险采取监管和操控，其监管影响将令公司控制排放水平。碳保险促进公司、保险公司以及政府的三方利益。因为公司假设进入了生态破坏义务保险，如果问题出现，由保险企业立刻为损失人进行补偿，公司脱离了危机，政府又控制了公共风险。世界实践显示，一个健全的碳保险模式，不单纯是金融与生态"共赢"的模式，同时是可以更大范围拉动平台力量与督促生态监督的方式。

3. 碳保险可降低企业经营负担，减少政府环境压力

企业的正常经营与发展离不开稳定的现金流，而碳排放由于赔偿金额巨大，受害人数众多，受害地区广阔的特点，使得污染企业在进行赔付后很难保证完整的现金流，进而影响企业的发展甚至社会的稳定。

碳保险则能够很好地解决企业现金流不确定性问题。企业可以用少量的保费来减少未来的不确定性。承保者要想控制赔率，会聘请相关学者对投保公司的碳释放采取管理。承保者能够利用费率震荡、级别区分等手段督促监管投保者进行节能行为。投保企业通过保险人的监管间接地降低了自己的风险，在双重作用下，投保企业很有可能将碳排放降到最低。发展碳保险能够有效地控制企业对环境的污染程度。

4. 碳保险可以充分保障人民的生态利益

以中国为例，碳释放的影响损失人大部分都是普通百姓，此类普通百姓在了解巨额的法律费用时大部分唯有止步于此，从而得不到应有的赔偿。在受到不公平对待后，这些人很可能采取一些极端的做法从而影响社会稳定。从维护社会公众权益以及社会稳定的方面来看，开办碳保险能够及时赔付受害人进而使公民的环境权益得到有效保障。

5. 碳保险能够为碳交易提供保护伞

碳交易因其时间久、程序多、运作繁琐的独特性质，令其整个程序具有巨额风险，碳保险能够为碳交易带来某些方面的维护，这不单纯有助于碳金融平台的深入发展，亦有利于保险业拓宽行业广度，增加利润。伴随中国的相关方案日益增加，这些保险的购买亦在日益增多。然而，本土的保险企业现在尚未进行与碳金融有关的保险项目。但由于中国的相关方案日益增加，导致产生大量的同类型的危机，给碳金融的风险确定和费率厘定带来了佐证，可促进碳保险的有效率。

（二）碳保险的内部运行机制研究

1. 通过碳保险产品创新充分发挥保险业的金融功能

充分发挥中国保险业所具有的金融功能，必须不断进行保险创新。长期以来，中国保险市场上的产品缺乏创新、品种单一且同质化严重，保险范围和责任内容没有差异，这主要是由于缺乏对创新成果的应有保护，一家公司承担创新的风险和成本，而其他公司跟进模仿，整个市场分享创新的收益，在很大程度上抑制了公司的创新热情；同时，保险公司缺乏差异化的经营理念，不愿花气力创新，热衷于跟风。有关资料显示，中国保险公司险种的同构率高达90%以上，只能通过降价来获取市场份额。因此，为适应循环经济金融支持的需要，保险业必须加强创新，开发创新型产品，发挥保险业在循环经济建设中所具有的独特作用。中国可以借鉴国际经验在保险产品创新上进行风险转移方式创新和保险衍生产品创新。保险衍生产品的创新在国际上有很多种类。无论何种产品创新都应遵循以下原则：第一，保险产品应为低碳技术的发展提供市场化的保障机制，如低碳科技保险、低碳创业保险等，通过商业化的保险机制，大力支持低碳技术的发展。第二，新的保险产品设计可以推动低碳发展。首先，借助丰富保险产品，促进传统消耗大、影响大、释放多行业向达到金融运行标准的模式革新。如采取在交强险中对碳释放额溢出低碳指标的款式收取较多的交强险费率，可以促进倡导低释放与采取绿色资源的车辆购买，进一步加快车辆行业向低碳领域进军。其次，对碳释放额超出某些指标的"三多"行业与公司强行收取节能义务险，参照公司的碳释放额高低区别采取差异的投保费用，增加高能耗行业与高排放行业的费用，促进滞后能效的解体，进一步倡导公司更多采取节能科技，提高商品的平台地位，降低传统行业的锚定作用。第三，促进同其他金融机构的交流，研究发展碳金融的多种金融衍生工具，进而能够经由此完成资本风险中和，保本付息。如保险联动证券连接了保险平台同资产平台的纽带，构筑了更宽阔的平稳利润证券搭配。

2. 加快保险管理创新

保险行业私人需要经由行业监督模式与鼓励评价模式的变革，积极提高公司与职工的自主性，用体系的模式刺激其积极性，以奖惩模式作为活动动力的催化剂。采取构筑适当的自我监督模式与鼓励评价模式，调节交流气氛，构筑公司自主进步氛围，为公司职员带来完善的机会和环境，积极倡导、刺激职工能力。同时为提高自身抗风险能力，应注重专业人才的培养以及技术创新能力的提高。与此同时，还应加强业务流程的管理，严格承保、核保、理赔制度，加强财务核算，提高风险管控水平。为了提高效率要有针对性地对存在安全隐患的客户提出改进措施，对投保企业进行定期的安全生产检查和督促，从而减少财产损失，有效控制风险，提高经济效益。还应通过创新管理，使自身实现节能操作。

3.险种设计中要避免道德风险和逆选择

由于碳排放污染造成的赔偿金额往往较大，并且责任的认定的复杂程度较高，因此道德风险和逆向选择的问题很有可能发生。为了避免逆向选择的发生，保险公司可以按照不同的行业运用科学的方法来制定不同的保险费率。保费不能过高也不能过低，要掌握好合适的度，以中国为例，中国目前的污染责任保险费率较高，按行业划分，最高费率为8%，最低位2.2%，将其与其他险种的费用北京，便会超过数倍。例如巨额的保费与少量的赔付额，企业明显缺乏投保的积极性。

为了降低道德风险，降低被保险人的欺诈行为，企业应在投保碳保险后限制保险责任范围，对投保者的弄虚作假予以巨额金融惩处、严格免责条款等。在保险实践操作中，承保者在承保前需要对申请公司采取核查，明确考量公司的风险水平，在适当时按照需要为投保者给予对既定赔付比例与赔付金额有价值的附加文件；而且，承保者还需对投保者的预防手段给予建议。在协议规定期，承包者要督促公司的生产行为，适当给予防止出现生态破坏问题的必要手段。承保者在进行保险问题时需厘定公司的责任水平，参考实施的模式和形成损失的根源，商议不同的赔付比率。

5.2.2.4 灵活确立承保责任范围及免责条款

与国际比较，中国关于碳保险的制度体系不完善，中国的碳保险尚位于萌芽水平，因为实践经验不足，商议在进行相关碳金融的合同保险时的难度稍大，这就要求保险人应该严谨地控制责任范围，其中像预防性费用、违反规范的行为以及非正常生产活动，都应排除在外。根据以往文献，中国有些学者极力主张应扩大碳保险的责任范围，考虑到中国保险业的发展水平以及污染现状，笔者认为碳保险的责任范围不能够扩大。因为与其扩大险种而导致无力偿还不如控制范围而有效发挥作用。当然，如果责任范围过窄，赔率太低则投保企业的投保积极性会大打折扣。

（三）碳保险的外部运行机制研究

1.健全保险法规，加强执法力度

中国碳保险的良性进步，关键在生态立法的健全和拓展、操作的手段、生态方向的发展与保险平台承保资格的提高。其中立法的健全与拓展为重中之重。从欧洲案例能够了解，假设不具备适当的生态法规，以及生态法规针对破坏人的惩处要求过低、过小，无法对生态责任保险带来充足需要。2007 年，有几十个知名国际集团在中国生产造成恶劣损害违法活动，比较他们在先进国家的美好绿色名声，在控诉此类集团未能附带充分的公共责任的时候，还需要探讨的是中国太过疏漏的生态法规体系。

美国对待环境污染的基本做法是谁污染谁支付，即污染者支付费用（the polluter pays principle）的原则，相关的关键条文关键有《1970 年臭氧层环保法》、《1987 年水环保法》、《1980 年生态破坏的处理解决、赔付和承担多元法》等，此类条文多次更新，条文日趋健全，然而其规章根本模式依旧没有改。同时，对于破坏人，政府也能够通过经济弥补即法律判处的途径进行重大处罚。世界各个国家对生态情况的重视同美国差不多维持同水平的状态。1997 年公布的《欧洲方针指南》的第十七项阐述欧洲要进行"破坏者上缴罚金"的政策："防止和消除污染侵害的费用，必须作为一项原则由污染者来承担。"欧洲在发布生态方针的程序上要求了较美国更为严格的标准—遵循预防的原则，该原则认为：假设程序恶劣的乃至无法复原的生态破坏的情形，"缺乏充分的科学确定性将不能作为推迟防止环境恶化的低成本措施实施的理由"。

与其他国家比较，中国生态的规章制度仍然需要完善，从总体上看，中国的环保法律法规本身和执行力度都存在着或多或少的问题。根据政府机构预测，中国因为生态破坏导致的经济亏损每年都达到数千亿，然而因为上述问题，获得的补偿却少之又少。另外，由于破坏补偿的大多数由政府承受，中国行业进行碳保险的态度也不明朗。存在问题，就存在进步空间，随着法律以及制度的完善，碳保险的发展潜力将是巨大的。

2. 宜进行政府强制同政府指引两相结合的方案

从现在先进国家的低碳保险的方案来讲，关键有强制性保险与非强制保险。强制性承担保险的典范为美国与瑞典。采取强制性保险同经济保障及承付相组合的方案的则是德国。法国以自愿绿色保险为主，强制性责任保险为辅。纵观国内外的发展，我们可以看到世界有促进强制性承担保险的方向。在处理低碳保险的强制性同非强制性的情况下，日本法律法规的发展是值得关注的。就现在而言，东京已经确立进行了关于大气破坏、水破坏同有毒垃圾食品的范畴众多的规章和条文。然而东京大量运行的是参照当地政府与中央政府人士提出的"方针意见"，去与公司对制造的进行与制造采取仪器进行"破坏监管合同"。合同控制实际的释放指标，进行督检同上报的义务。然而破坏监管合同是一份双向合同，不具备法律强制力。但日本的工业公司不愿意因没有实现它们自愿制定的标准而失去信誉，因而制定出一个有效地实施机制。目前绿色保险的大多数险种在中国仍属于自愿性保险，因其是自愿性的，所以导致大多数企业没有参加该保险，从而使无辜受害人得不到公平赔偿。我们可以以其他国家的发展模式为参考，实行符合中国基本环境现状的政府强制与政府引导相结合的制度。对于生态破坏巨大的企业进行强制承担保险。对于破坏很小的公司，政府可以仿效日本提出"行政建议"，通过政府的威信使企业自愿购买碳保险。各级政府应将低碳保险纳入公共安全体系的建设中，鼓励单位和个人参加碳保险，充分发挥保险的重要作用。政府避免地面临的方式方法可以是，在任务下达、考核奖励、费用支持等方面给予扶植和倾斜。

3.加强外部环境沟通，提高碳保险社会认知度

保险公司与政府的合作可以有效地支持相关产业和人员进行投保。政府应该通过合理宣传优势，加大宣传力度，使企业和群众能够从内心深处理解并支持碳保险。应该通过宣传使企业的法律责任人，树立起风险意识、责任意识以及保险意识，并引导其规避风险、分摊风险。相关保险机构要按照市场经济规律运作，在依法合规经营的前提下，有效推动低碳保险的大力开展。

（四）保险业低碳政策的评价体系研究

1.保险业内部的评价指标

第一，保险公司的效率指标：低碳保险的经济效率，即低碳保险的技术效率与低碳保险的配置效率。参照经济理论，效率往往是说投资与利润彼此的联系。法雷尔公司制作了当下企业效率评级途径，分析企业的效率涵盖两方面：科技效率，体现企业在投资不变的水平下利润最大的程度；分配效率，体现企业在不变投入资本的价格水平下，评级最佳投资要素配置的程度。科技效率也能够深入拆分成纯科技效率与外部效率两方面，受投资因素价格这些信息未知的影响。碳保险的金融效率是说保险企业在节能利用行为中通常同利润也就是费用同盈利彼此的比较联系。从本质上讲，它是保险公司对其资源的配置，是保险公司竞争能力、投入产出能力和可持续发展能力的总称。与一般的工商企业一样，保险公司在生产经营活动中具有以营利为目的追求利润最大化的动机，追求生产经营的最佳状态。这种理论生产函数所描述的生产可能性边界被称为生产前沿面，保险公司具有在生产前沿面附近组织生产经营活动的强烈动机。但实际的生产过程并不全是在最优状态下进行的，即使对经营绩效优异的保险公司来说，这种最佳状态也只是短期的，但它是保险公司追求的目标。

第二，低碳保险结构合理性指标（资源配置效率）：低碳边际资产利润率、低碳边际所有者权益利润率、低碳保费利润率。结构合理是保险业可持续发展的重要保证。衡量低碳保险业结构是否合理的标准是保险业资源是否在原保险与再保险之间、产寿险之间、保险公司与保险中介之间、不同区域之间、城乡

之间以及国内与国际之间得到均衡有效的配置。综合借鉴标准国际四大资信评估机构在对保险公司进行信用评级时所使用的评价公司盈利能力的模型，选定低碳边际资产利润率、低碳边际所有者权益利润率和低碳保费利润率三个指标来综合评价原保险与再保险之间、产寿险之间、保险公司与保险中介之间的资源配置效率，通过统计技术分析保险业区域之间、城乡之间以及国内与国际之间的资源配置状况，并以此来衡量保险业结构是否合理。

2. 保险业外部的评价指标

第一，从宏观的角度考察低碳保险与经济的总体关系：低碳保险相关比率指标（低碳保险深度与低碳保险密度）。1965 年，欧洲经济学家发布了"金融相关比率"的定义，也就是融资资本全值对现实资产保有额的比例，无独有偶，一些专家发布"保险相关比率"定义。保险相关比率是保险广度同数量标准，是分析保险拓宽水平的世界普遍的标准。保险广度同数量等标准体系阐释了保金收取金额同国民生产总值及人数彼此的联系，为时间序列的变化标准。关于保险深度和保险密度等指标的数据可得性强，且容易展开水平及纵向比较。然而这些标准无法体现保险范畴内的革新同"新模式"，所以，单纯用保险广度同数量等标准来评级保险拓宽是不完全的，部分保险广度同数量的改良并不完全是保险拓宽前景可观的体现，亦兴许是保险拓宽日益下滑的现象。如保险公司通过银行大量销售短期、简单的"储蓄替代品"性质的分红险，在短期内将表现为保费收入的增加，但不利于保险业的长远发展。第二，低碳保险在金融体系中的作用：低碳保险资产与低碳金融资产之比。低碳保险资产在低碳金融资产中所占的比重，反映了保险行业对碳金融乃至低碳经济发展的贡献度。

三、碳金融框架下证券业运行机制研究

现代金融体系是以资本市场为核心、一体化市场为载体、混业经营行为方式、电子网络为手段、金融工程为技术的金融体系。实践表明，随着工业化的发展，以银行体系为金融制度基础的传统金融架构正在转向以资本市场为核心的现代金融架构，传统的银行间接融资比例趋于下降，而从资本市场直接融资的比重趋于上升。低碳经济作为新的经济发展方式应充分发挥资本市场在资源配置中的基础性作用。从资本市场的角度来看，要鼓励低碳企业在证券市场上市融资，充分发挥资本市场资源配置的功能，为低碳企业上市建立"绿色通道"，允许符合发债条件的节能减排企业发行企业债券、中期票据和短期融资券等，以获得债券市场的资金支持。

（一）建立多层次的资本市场体系，扩大直接融资规模

多层次的证券市场其上市条件由低到高正好满足了低碳企业不同发展阶段资金需求不同的特点。中国应当建立由主板市场、二板市场、场外交易市场和私募市场构成的多层次资本市场体系，为发展低碳经济提供直接融资支持。

美国拥有全球最完备的资本市场分层结构，为各国进行制度设计提供了最有价值的参考。三个层次的证券市场形成了内在的阶梯式的有机联系，互相促进、互相依赖，构成了一个有序合理的链条。三板市场入市条件最为宽松，适合低碳经济发展初期低碳企业上市，主要解决低碳企业创立阶段的融资问题。企业入市并经培育后，不断发展壮大，进入扩展期，具备二板市场上市条件的可转入二板市场上市。企业发展到成熟期，符合条件可转入主板市场上市。反之，则逐级退市。

实际经验表明美国纽约证券交易所（NYSE）等属于主板的证券资本市场由于其本身的高标准，对中小型高技术企业的融资并没有起到直接的帮助，真正对中小企业融资起到推动作用的是纳斯达克市场中的小型资本市场（NASDAQ Small-Cap Market）以及柜台市场报价系统（OTCBB）等二、三板市场。

三板应该是中小型高技术企业进入全国性证券资本市场进行融资的首选平台。中国政府应该选择适当的时机开启三板市场的融资功能，增加低碳企业合理的融资渠道。中国在 2001 年 7 月正式建立了代办股份转让系统，三板市场就此形成。不过，中国三板市场创办的初衷并不是因为不满足主板上市资格的企业提供一个股权交易、融资的平台，而是为了解决最初的全国证券交易自动报价系统（STAQ）和全国电子交易系统（NET）的遗留问题。

2004 年确立了三板市场承接主板退市企业的职能。三板市场缺少发行市场是代办股份转让系统最大的缺陷，目前无融资功能，仅代办股份转让，从而严重影响了其功能的发挥。中国在 2005 年 6 月建立了中小企业板，从而初步建立多层证券资本市场的结构。但至今中小企业板的上市标准、制度设计与主板一致，中小企业板的上市企业只有中型规模以上的企业，已经失去了创业板的意味。中国的证券市场距离真正意义上的多层次证券资本市场还是有很大的差距。因此，应当适当降低上市标准，以支持中小企业发展低碳经济。

创业板（Growth Enterprises Market）是给创业型企业上市融资的股票市场，创业板是多层次资本市场体系的重要组成部分。创业板推出的主要目的是促进自主创新企业及其他成长型创业企业的发展，是落实自主创新国家战略及支持处于成长期的创业企业的重要平台，为风险投资和创投企业建立正常的退出机制。相对于现在的证券市场主板市场而言，创业板在上市公司数量、单个上市公司规模以及对上市公司条件的要求上都要低于主板市场，所以创业板的性质属于二板市场（Second-board Market）。创业板以 NASDAQ 市场为代表，在中国特指深圳创业板。支持低碳企业在创业板上市是中国实施低碳经济战略的必然要求，也是创业板市场的历史使命。中国低碳经济战略的实施，也为创业板市场开拓了广阔的发展空间。因此，国家要采取相关政策引导低碳企业在创业板上市，推动低碳经济融资问题的解决。

（二）积极推动低碳企业优先上市融资

在现代经济中，资本市场不仅具有资本聚集功能，能使企业在短期内筹集所需的长期资金，而且由于其具有追逐利润最大化的内在动力，能够优化资源配置结构，提高资本的利用效率。因此，中国应充分发挥资本市场在发展低碳经济中的重要作用，积极推动低碳企业优先在国内外资本市场上市筹资。

股票市场融资是最有效途径以及最便捷的途径，低碳领域的企业应该充分利用股票市场，争取上市。纵观国内外股票市场，以新能源为代表的低碳经济板块正在迅速地发展。从全球范围看，经营清洁能源的上市公司拥有超过 20% 的收入增长速度，太阳能公司行业在美国的平均增长率更是达到了 30% 左右。清洁能源公司正在逐步成为投资者追逐的对象，其展现出的盈利能力使得低碳经济板块已经成为一个比较稳定的投资领域。

国家要进一步完善相关的政策与机制，积极培育蓝筹股市场，推动大型优质低碳公司入股，促进与刺激在实施碳金融方面表现卓越的公司采取收购达到公司资产的集中与拓展，以利于金融资源向符合低碳经济发展要求的企业配置。同时，还可以通过发行低碳企业股票来调整产业结构，分配更多的股票上市额度给具有规模优势和高增长潜力的低碳企业。适当降低低碳企业股票的面额以提高其资本回报率，吸引更多资金。放宽对低碳经济技术应用企业资本额的认定和对所有制之类的限制，为更多的低碳企业提供上市融资的机会。促进低碳经济更好更快的发展。

（三）推进低碳经济创业板融资平台的构筑

初期中小研发型节能公司由于高新技术与明朗的进步空间而拥有较好的融资条件，然而因为它的大小与能力往往都不足，此类中小型公司无法通过证券平台筹集资金，有必要创造条件使它们在创业板市场上进行融资。推进专门的低碳经济创业板市场的建立，或在创业板市场融资，为低碳企业或特定资源类企业创造可持续性的直接融资渠道，此一方面可以指导公共资本的方向，还可以增加融资本的分配能力，亦能够加快碳金融企业的平台化同拓展化运作，加快金融体系变革同金融进步模式的革新。

就现今中国资产平台运转的情况来说，构筑专项的资本平台，给节能机构及专项能源类公司构筑源源不断的直接货币提供，对于在资本市场基础上建立现代企业发展机制来说至关重要。建立和完善规范运作的二板市场，为中国高新技术的低碳经济企业提供顺畅的融资渠道。其主要作用一方面可以指导公共资本的方向，还可以增加融资资本的分配能力，亦能够加快低碳企业的平台化同拓展化运作，加快金融体系变革同金融进步模式的革新。在中国，采取创新型碳金融来革新传统行业的潮流日渐高涨，会存在日益增加的上市企业参与该范畴，这给创业板平台的发展提供了空间，也给本土碳金融的进步带来了微观竞争机制。

（四）积极推动债券市场发展

大力发展低碳债券、资产证券化证券等固定收益类产品，对与低碳经济相关企业的债券融资予以政策支持和鼓励，为低碳经济的发展提供资金来源。根据新优序融资理论，厂商在新投资融资愿望的驱使下，先是内部融资，然后是低风险债务，而把股权只当作最后的融资方式。在成熟的证券市场上，企业债券作为一种融资手段，无论数量还是发行次数都远超过股市融资。但中国债券市场因企业信用体系缺失以及政府政策的约束，公司债券的供需无法均衡，进步拖沓。债券筹集途径分为国债筹集途径与公司债券筹集途径。国债筹集关键是把发行发放证券的部分份额通过财政资金投入到碳金融行业基金，这是一种间接的融资方式。针对国家来说，单纯倚仗财政投资的变化来扩大资本是相当不足的，但发放国债却能够释放政府压力。所以，需要积极利用发放国债，吸纳公共资金及外汇流进碳金融领域。低碳企业还可以凭借其自身的信誉和经营业绩发行债券，进行企业债券融资。比较于国债筹集、银行借贷及证券平台筹集途径，公司债券的筹集途径更加积极、筹集费用更少。

（五）碳债券的发行

1. 碳债券的内涵及特征

碳债券是说政府、公司等组织为募得碳金融方案资本而对注入人发放的、表示在未来时间回报利息并及时返本的借款证书，其关键性质为把节能方案的相关盈利同债券利息相关联。碳债券参考发放机构能够分成国债、公司债券及融资债券。碳债券的基础与别的债券一样，皆为具备制约能力的债权的保障书，其性质具有如下四点：首先，募集资本的运行途径清晰，按照低碳环保的要求投放；其次，资本注入的公司风险很大，运行时期较长，债券的发放要求政府相关方针保障；第三，可以采取固定利率加浮动利率的产品设计，将CDM收入中的一定比例用于浮动利息的支付，实现了项目投资者与债券投资者对于CDM收益的分享；第四，碳债券对于包括CDM交易市场在内的新型虚拟交易市场具有扩容功能，其大规模发行将最终促进资本市场乃至整个金融体系向低碳经济导向下的新兴市场转变。

2. 发行碳债券的必要性

在中国，发行碳债券的必要性与现实意义主要体现在以下六个方面：第一，满足低碳经济模式的资金需求。兴建新能源企业以及对高能耗企业设备的升级改造需要大量的投入资金，通过发行碳债券能够较好地满足巨大的资金需求。第二，提高中国债券市场的完整性。发行碳债券将加快中国公司债的前进，增加债券平台的交易种类，加快公司债券上市平台的构筑，促进中国债券平台的完善性。第三，增加碳金融的金融产品的种类。目前已有的金融产品类型单一，对低碳发展的支持力度不够，例如CDM交易机制审批时间长，流程繁琐，对支持低碳经济发展的作用有限。而碳债券的构筑模式清晰确定，容易让注入人了解与承受，能够实现国家民众关于碳金融融资商品变化型的渴望。发放碳债券为中国金融市场投资、融资产品的一种创新，将丰富中国债券市场交易品种，有利于金融系统对低碳行业进行更有力的支持。第四，发放碳债券有助于融资变革。每个健全的平台皆需通过由初级商品向附属商品的进步过程。假设出现碳债券，就能够深入进行碳债券衍生品，甚至还能够进行期权衍生品，进而既可当做节能科技甚至节能行业进步的催化剂，给节能平台带来新的动力，亦能够给注入人带来五花八门的商品种类与风险中和手段，加快中国股票平台保证良好地进步。第五，发放过程能增进公共的低碳意识。碳金融的进步肯定将运影响国家整个平台，特别是涵盖公司在内的多个机构的交易行为，还有全体百姓、群众的日常活动。发放碳债券等同于在多元的公共集体中国倡导碳金融进步观点，能够为碳金融发展创造良好的社会环境。第六，发行碳债券将推动整个金融生态环境的改善。碳债券当做碳金融的关键构筑成分，会日益革新当下的融资控制、政府税收、会计查验同方案评级等方案模式，改善贸易主体的贸易组成，指导改善、团体、百姓和群众变更贸易观望态度，深入促进碳金融贸易手段的丰富，从而构筑良好的碳金融进步的金融生态环境。

3. 碳债券的制定方式

旨在于实现节能环保及保护全球生态的要求，能够采取发放股票来处理资本问题。当下国际在碳债券运行角度进行了许多构思，许多国家已开始把部分构思运行到试验之中。第一，与通货膨胀率及碳释放价格有联系的标准关系债券。The London Accord 的方案团队想到了"同指标联系的碳债券（Cataloguerelated carbon bond）"，而且在 2009 年 5 月把材料递交国际银行国家注资人论坛。指标联系的碳债券将利息的确立同国家碳节能要求、新能源供电的回购电价（Feed-in tariff）、中国矿物能源价格与二氧化碳释放权的价格彼此联系。若国际未能实现节能要求或是节能方案商品的价格未能实现政府承诺的价位时，国家需要承担更高的利率，所以提高机构完成碳节能要求的积极性。指标联系的碳债券会促进减少长期新能源方案的风险。绿色资源方案根本上与古典资源方案的风险相同，然而它的方案运作力依靠于国家的方针。在方案运作当中，贸易者难以控制国家无法实现节能要求或是控制回购电价的危机，亦难以控制矿石能源价格下调或是碳商品权价位下调的危机。指标联系的碳债券能够在全程方案当中，达到碳债券的利息同以上危机指标密切关系，当危机出现时，碳债券回报的利率对应提高。碳债券利率伴着危险扩大提高的特长表现在：节能方案的收益率来源于碳交易平台的价格高低，若方案难以达到收益，股票贸易者将负担难以全款索取资本的风险；若碳价格无法实现承诺水平，碳债券利息的上涨能够令贸易于新能源的贸易人稳定贸易利润，也就是若碳价格未能实现之前承诺的价格水平，贸易人也能够经由索取更高的利率补偿投资于公司证券、债券的亏损。

第二，无息债券。无息债券的终止时限确立为 10 至 30 年，终止以前不给利息，相对适合于扶持新生期的新能源科技或者高危险的政府投资方案。无息债券就像孵蛋机，促进起步产业与企业拓展水平、控制风险，从而把企业转让取得收益。关键的保证是无息债券功能发挥的关键。零息债券的设计方案有两种，一为可转债，同样贸易人在许可的时间和情况下把股票变成企业股权；二是伊斯兰债券，参照伊斯兰教义的债券可以招揽源于所有伊斯兰国家的贸易。

第三，一般担保债券（Regulated Covered Bonds）。一般担保债券适合于达到新能源水平的新能源企业，通过出售生产出来的新能源，取得现金流。该债券的安全性由公司固定资产和生产可再生能源的现金流来保证，其中现金流由国家上网电价政策来保证。市场成熟以后券商可发展碳债券期货、混合债券期货，还可以发展期权产品，最终为投资者提供多样化的投资品种和风险对冲工具，促进中国碳金融市场持续健康地发展。

四、碳金融框架下其他金融机构运行机制研究

（一）风险投资机构

风险投资是由职业金融家投入到新兴的、迅速发展的、具有巨大竞争潜力的企业中的一种权益资本，是把资本投向蕴藏着失败风险的高新技术及其产品的研究开发领域，旨在促使高新技术成果尽快商品化、产业化，以取得高资本收益的一种投资过程。

风险投资机构的古典贸易途径一般为电子商品、生化与新素材范畴。然而新的情况显示向碳金融这一方向的延展现已变成风险投资机构的新领域。具体形式包括碳信托机构、碳基金、碳资产管理公司、碳经济公司等。当下，国际贸易银行同进行碳交易的风险控制组织开始渗入中国，对富有碳交易前景的低碳环保方案进行贸易。如创建于 2007 年春季的裴亚妮资本（Peony capital）企业，目的为进军中国碳商品交易平台，盖茨基金为原始投资者之一。裴亚妮资本企业在内陆的发起资本达到 4 亿欧元。主要为对中国的节能方案给予资金与科技帮助，从而降低国际生态的压迫。其关心于采取贸易可长久运行方案达到较高收益还有碳信誉的控制。还有，瑞典碳资本监管企业、英国易科生态公司等皆已在中国进行低碳环保贸易项目。

如前所述，低碳经济的发展具有一定的风险性，所以应该在传统的财政拨款和银行信贷等提供资金方式的基础上，采取风险投资的方式，来支持这种高科技含量的经济发展方式。因此，政府要采取相关政策，为贸易单位加入风险注资给予相关的规章氛围与适度的方针辅助。重中之重需抓紧构筑风险投资的交易模式、治理机制和退出机制，从而保障风险资本融资渠道的畅通。在加强监管的前提下，大力培育碳信托、碳基金等注资贸易者，同时酌情宽松公共保障基金的贸易范畴，同意它参与风险投资平台，从事与低碳经济相关的技术开发融资，从而推动低碳经济技术创新。

1. 风险投资的交易模式

风险投资是一种买方融资（Buy-side-Financing），其为令注资同融通相交融的一类规则要求。假设融通失败，那投资就无从谈起。可以说，风险投资的融资环节是风投运作的关键一步。根据现阶段中国的发展状况，中国政府应从重塑我国风投的融资机制入手，为民间投资主体进行风投提供政策支持和制度环境。与此同时，应当建立以民间资本为主体的多元化风险资本供给体系。

2. 风险投资的治理机制

由于信息不对称的客观存在，风险投资家在选择低碳经济建设项目进行风险投资时，一些属于企业家的内部信息，如方案风险、风险公司人同信誉道德程度等方面的数据令风险投资人同风险公司人彼此的认识产生了不对称现象，很明显，风险投资人处在不利位置，而风险公司人则位于有利位置。因为出现此类信息不协调，那么风险投资人或许会采取反向评级，可风险公司人则或许存在道德风险情况。而如此会有损风险资金贸易途径的有效运作。所以，关键需根据风险投资组织构筑健全的管理模式，如挑选适当的风险投资机构模式、在风险投资组织与公司内部构筑健全的管理模式、风险防范机制、约束机制和激励机制等,这将有利于避免逆向选择和道德风险的产生,进而使资本融资渠道畅通。有助于避免风险投资家的道德危机同原始参与人的反向评级,进一步维护风险资金融通途径的有效,切实推进低碳经济快速发展。

3. 风险投资的退出机制

退出机制对风险投资的发展起到了十分重要的作用,风险投资的试验证实,完善的风险投资退出模式是风险投资取得胜利的关键因素之一。从全球区域而言,风险投资退出的途径一般涵盖初始宣布上市、公司合并、股份招还与结算退出几类。分析中国的如今状态,本人认为中国的风险投资依旧位于萌芽期的水平,当下还未出现健全的风险退出模式。因此,要健全中国风险投资退出模式,便需要构筑以股票平台、创业板平台与产权交易平台等构成的多层次资本市场体系,为低碳经济风险投资者构建有效地市场退出机制。

4. 大力发展中国本土碳基金投资机构

碳基金是低碳投资的一个重要的资金来源。碳基金是指集合各类投资者的资金,专门投资于温室气体减排项目(主要是清洁发展机制项目和联合履行机制项目)或在碳交易市场从事碳信用交易的基金投资机构。碳基金的资本来源可以分为三种,分别是政府、私营企业和公私混合;碳基金的管理者也可以分为三种,分别是开发银行、政府部门和私营企业;按照资本来源和管理者的不同组合,碳基金的类型可以分为六种。

第一,政府出资政府管理的碳基金。政府出资政府管理的碳基金目标非常简单和直接,即购买碳信用来满足该国在《京都议定书》框架下的减排要求。此种基金退出以竞标的途径等候卖方积极与其沟通,并参考该基金的程序从事交易。比利时 JI 与 CDM 竞标基金便是具体的由国家注资与中央监管的碳基金。

第二,政府注资发展银行监管的基金。政府注资发展银行监管的基金也拥有突出的方针态度,其通常具备发展平台的想法。就像荷兰节能共同基金(Netherlands Emissions Reduction Cooperation Fund)就是以服务东欧各国的 JI 方案为要求,旨在于促进其他的资金涌进此区域。

第三,政府注资个体公司监管的碳基金。在世界碳市场上出现了许多颇具经验的个体公司,其了解碳信誉交易的各个环节并积累了良好的信誉。政府委托这样的企业购买碳信用是一个富有效率的选择。例如易科—标准银行丹麦碳基金(EcoSecurities–Standard Bank Denmark Carbon Facility)便是具体的政府注资个体公司监管的碳基金,此基金被易科国际同英国标准银行监管,帮助丹麦国家在碳市场上贸易碳信誉来完成丹麦于《京都议定书》中的承诺规定及欧盟排放监管部门对丹麦的规定。

第四，个体公司注资个体公司监管的碳基金。以排放权交易企业（Trading Emissions PLC）为例，此企业是欧洲的一家独立式的贸易基金企业，在伦敦创业板挂牌，此企业经由交易碳信誉牟利。第五，公司集体注资进行银行监管的碳基金。初始碳基金（PCF）是通过6个国家与17间企业集体注资，通过世界银行监管，给予边做边学的契机。基金总资产18000万美元，从2007年开始不再进行新的项目融资，目前重点关注实施阶段。初始碳基金的贸易包括24个处在世界欠发达国家与转型国家中各类监管的方案（资源、制造业、废物处理、耕地治理及可循环资源）。

第六，公司集体注资个体公司监管的碳基金。以多边碳信用基金为例（Multilateral Carbon Credit Fund，MCCF），基金的资本渠道涵盖个体公司、国有集体、英国复苏发展银行与欧美投资银行的股权政府。基金吸收 EIB 与 EBRD 资本的节能方案中形成的碳信誉。

2004年之前，碳基金的资金关键源自国家，其后个体资金通过同政府资金合并的途径流进碳基金里，2005年以来碳基金的此类公私集体的体系获得了良好的发展，而且日益增加的个体资金逐渐独立构筑碳基金。在国际碳市场中，碳基金在温室气体减排项目融资过程中发挥着越来越重要的作用，有数据显示，它们为31%的 ERU 和24%的 CER 提供了融资，并且预计将减少排放7亿吨。除了自身融资作用外，碳基金还起到了融资的引导作用，越来越多的资金跟随碳基金参与节能减排项目。据有关数据显示，目前全球12000家的对冲基金管理着约20000亿美元的资产，其中约5%的对冲基金投资了环保节能产品，可以看出，风险资本也比较看好节能减排这一市场领域。此外一些养老基金和共同基金也参与其中。

中国本土碳基金主要有中国绿色碳基金和中国清洁发展机制基金。中国尚不存在真正意义上的碳基金。在全球经济衰退的背景下，未来碳基金发展绩效和发展速度受到很多层次、不同因素的影响，这些因素大体可以划分为三类：第一类是全球市场环境，包括欧盟气候交易政策、全球减排制度框架，美国国内减排市场以及后京都时代气候变化政策框架；第二类是 CDM 和 JI 市场的发展情况；第三类则是金融危机的影响。我们应在充分考虑这些影响因素的前提下，大力发展中国本土碳基金投资机构，助推整个碳金融的全面发展。

（二）信用担保机构

成立各类信用担保组织，促进融资辅助强度。经由信用担保组织，可提高经济性融资对碳金融行业借贷贸易的投入性。信用担保组织的关键作用在于为低碳经济投资提供风险担保，吸引营利性社会资金积极参与。信用担保组织的构筑可通过两种方案：其一，政府构筑，平台化运营。此种方案以国家注资为主，平台募集为辅，强调碳金融行业指引，参考平台制度运营，然而不把收益作第一要求。其二，共同构筑，平台化运营。此种方案为由国家同其他特殊性担保机构作关键的融资者，而且吸纳平台个人融资，其兼具交易担保与信用担保的性质，二者进行协同运营，先由政府根据政策标准和市场原则推荐担保对象，然后由商业担保公司按照市场化要求进行担保。

（三）信用评级机构

1. 信用评级与国家金融安全

信用评级在现代金融体系中正发挥着越来越重要的作用，对一个国家的主权和经济均会产生或多或少的影响。从国际视角来讲，作为特殊的中介服务者，信用评级代表了一个国家在国际金融服务体系中的位置。从国内视角来看，信用评级可以影响一国信贷市场的利率及汇率，从而对金融资本的投资和经济决策产生深远的影响。从微观视角来看，以美国穆迪公司为例，信用评级的定价功能使评级机构掌握着企业和金融市场的生杀大权。有的学者认为，2008 年的金融危机的重要原因之一是信用公司对信用评级的下调，从而引发了投资者的恐慌，加剧了市场的动荡，加快了危机爆发的速度与程度。2008 年 10 月 22 日为了挽救市场，美国三级评级机构承认其向市场提供了虚假的评级信息。在1997 年，穆迪公司对日本山一公司的降级也导致了其股票价格的狂泻。可以看出信用评级对企业的影响是至关重要的。因此促进信用评判的督促，已变成众多政府的重视，评判督促已书入 G20 融资峰会协定。

2. 中国信用评级业过度开放

中国信用评级行业诞生于 20 世纪 80 年代末，经过几次清理整顿，构筑了中信用、大公、组合、沪新纪元与远东几所具备本土性股票平台评级资格的评级组织。沪远东由于自身于 9 年前的"福禧短融"问题而慢慢远离平台。经过数十年的冲突与磨难，当下中国比较完善的本土性评级组织唯独中信用、沪新纪元、大公、组合几家。对比于欧美市场，中国在信用评级管理方面是十分薄弱，十分落后的。因此，美国的穆迪、惠普、标准普尔在近几年对中国信用评级机构进行了全面渗透。上文提到的中国四家评级机构都先后遭受了美国公司的狙击。穆迪公司在 2006 年收购了中诚信 49% 的股权，2014 年将增持到 51% 从而实现绝对控股。2007 年，惠普公司收购了联合资信 49% 的股权。目前，新华财经收购了上海远东 62% 的股权。标准普尔也与上海新世纪开始了战略合作。迄今为止，中国 4 家代表性的评级机构只有大公司民族品牌，其余三家已经被美国控制。可以看出，四分之三的信用公司已被外国控制，中国信用评级组织之所以会表现出过分向外的问题。因素有四个：

其一，对信用评级认识不足。尽管信用评级公司在金融市场中的位置很重要，但由于其专业水准较高，很多人都不了解甚至不懂评级是什么概念。因此，在中国国民思想认识不足这一大背景下，信用评级的重要性往往被轻视甚至忽略，信用评级业的发展受到了忽视。这才给美国公司带来投资机会。

其二，盲目迷信国外评级机构。外来的和尚会念经在中国市场对信用评级公司的选择上表现得尤为突出。很多中国人认为欧洲人对中国公司评级更准确、更政府。部分政府监管机构，宁可花费高价钱也不愿聘请中国本土的信用评级机构，部分政府机构在评级项目的许可指标上确定前列海外组织，此为中国信用评级行业的发展是制约的。

其三，信用评级组织存在真空情况，中国还未规定方针制度管理海外组织参与中国评级平台。由于中国政府在加入 WTO 许诺中不涵盖信用评级业，因此在应付欧洲组织的猛烈进攻时政府机构没有方针参考，制定不出相应的对策。同时，中国在对信用评级机构的法律保护层面上也是不全面的。这给美国开放中国信用评级市场提供了机会。

其四，美国评级机构持续进行政府高层公关。美国评级机构通过与中国政府高层的频繁接触，向中国高层机关灌输外国信用评级机构更加全面更加权威的信息，从而引导高层对外国机构进入中国市场表态，在舆论方面向公众传递政府支持外国机构的信息，使具体部门压力增大，从而接受外国评级机构。此外，中国的评级机构与高层的接触机会较少，这也使得中国政府对国内外评级机构的了解程度不同，从而更容易忽略本国信用评级机构。与此形成对比的是，国际上，美国对其本国的信用评级公司保护得很好，以至中资评级机构没有一家在美国境内开展信用评级业务。中国评级机构在世界范围内几乎没有话语权，在亚洲和欧美评级市场上几乎听不到中国的评级声音。长此下去将非常不利于中国评级业的长远发展。

3. 中国国家金融安全存在隐忧

由于信用评级机构对资金平台具备调价权，所以欧洲往往通过它的评级组织的权威来操纵资金平台。由于中国的信用机构市场开放程度较高，本国的信用评级机构大多数已被美国控股。据有关数据显示，中国市场份额中的三分之二以上已被美国评级机构占领①。美国可以通过其占有的市场份额直接或间接地影响中国经济的发展，这严重威胁了中国的金融安全。有些外国评级机构还参与到中国的重大债务融资活动中，从而间接进入我过敏感经济地带，获取中国高科技技术信息以及政务信息。2003 年，在中国存储业探索境外上市的时候，标准普尔指数评级组织表明中国主权信用评级为 BBB 级，这增大了中国海外融资的成本，制约了中国银行业国际化发展的进程。

4. 亟待建立中国独立自主的信用评级体系

中国是美国国债的最大债权国，也是世界第二大净债权国，如果没有评级话语权，也就没有人民币国际化进程中的市场定价权。因此，促进中国信用评级平台管理，构筑拥有话语权的信用评级模式，拥有世界评级权威是保障本国内部权利的要求。

首先，中国必须加强监管体系建设，培育和扶持独立自主的信用评级机构。当务之急是要明确评级机构的归口管理部门和监管部门；要把跨境贸易人民币结算试点、人民币离岸金融业务与扶持中国评级机构、开展国家信用风险评级结合起来，确保中国信用评级机构对境外人民币主权债务工具的评级话语权。

其次，要尽快制定和完善信用评级相关法律法规，遏制外国信用评级机构的渗控图谋。要控制中国信用评级市场的开放程度，具体来说就是要控制外资评级机构在中资信用机构中的持股比例，限制外资评级机构涉足关乎国家安全的领域。与此同时还要坚持信用评级市场的对等开放，要求中国信用评级机构也有加入国际市场的权利，从而争取信用评级行业的话语权以及定价权。

五、碳金融框架下碳市场运行机制

碳市场通常可以理解为狭义和广义两个层次。狭义的碳市场是指由国际上的相关主体根据法律规定依法买卖温室气体排放权指标的标准化市场，在温室气体排放权市场上，温室气体排放者从其自身利益出发，自主决定其减排程度以及买入和卖出排放权的决策。广义的碳市场则在此基础上，还包括了与碳交易市场发展紧密相关的清洁能源的投融资市场以及节能减排项目投融资市场。

文章主要对狭义的碳金融市场的交易项目、交易机制、交易产品进行研究。狭义的碳金融市场既包括排放权交易市场，也包括那些开发可产生额外排放权（各种减排单位）的项目的交易，以及与排放权相关的各种衍生产品交易，我们将之统称为"碳信用"交易。

（一）碳排放权交易项目及对象研究

1. 国际碳排放权交易平台与交易对象

联合国国际间环境保护专项组委会在 1992 年中旬达成《联合国气候变化框架公约》。1997 年 12 月于东京达成了《公约》的首项衍生协议，也就是《京都议定书》。其将平台模式当成处理将二氧化碳为象征的温室气体降低困境的新方法，也就是将二氧化碳释放权当成产品，进一步构筑了释放权的交易，也就是碳交易。碳交易根源观点是，需要的一方赋予另一方得到二氧化碳节能量，买家能够通过买入的节能量进行控制温室效应进一步达成其节能的要求。在六类被管理节能用温室气体里，二氧化碳为其中之最，因此此类交易把一吨二氧化碳数额为统计标准，因此统称为"碳交易"；其交易平台叫做碳市场。碳交易平台的实施模式为：政府确立释放控制量，接下来赋予给每个经济范畴部分的释放范围，认可其释放这些额度的二氧化碳；释放量由一个国家政府组织配比，此类释放认证配比能够被交易，各国公司能够在一个开放的平台上从事排放认证交易。

在碳市场的操作里，制度是最关键的内部因素。《议定书》则为碳市场的最关键制约性制度之一，《议定书》要求了《公约》延伸政府（发达国家和发展中国家）的数据节能标准，也就是在 2008 至 2012 年内其二氧化碳释放额在九十年代的程度上每年降低百分之五。《议定书》要求欧洲的各国节能要求为至 2012 年，较 1990 年释放程度减少百分之八，欧盟由此进一步配额给其组成国，同时在 2005 年构筑了欧盟释放交易模式，制定交易制度。同样亦存在部分制定是自主性的，不具备世界、政府方针及制定强制管制，在地方、公司甚至私人自主进行，从而完成节能要求。起始于 8 年前《议定书》公布起效后，世界碳交易平台产生了高速进步。2007 年碳交易额从 06 年的十几亿吨上涨了近两倍，扩展 68.75%。贸易值的增长发展更是高效。2007 年世界碳交易平台总额约 400 亿欧元，较 2006 年的 220 亿欧元跃升了八成，2008 年上旬世界碳交易平台全款几乎就同 2007 年整年对等。通过数年的拓展，碳交易平台日益完善，加入中国区域分布日益延伸、平台模式向纵深发展，财务繁杂度也今非昔比。

《京都议定书》之后，国际上不仅形成了基于三个灵活机制的"京都市场"，各国、地区还纷纷在京都机制外，在"配额"和"项目"两个版图内，依据不同方式建立了排放权交易的一级和二级市场，从而构成整个碳交易市场体系。

2. 中国 CDM 项目交易与碳金融市场的立法

根据《京都议定书》的规定，中国在 2012 年之前不需承担温室气体的减排任务，但中国可以以发展中国家的身份参与清洁发展机制（CDM）下项目的开发。2008 年，首都气候交易组织、上海气候交易机构、天津释放权交易组织接连出现，中国开始初步了构筑碳交易平台。中国目前的碳市场交易对象主要为 CDM 项目的交易。

在法律制定层面，中国对完善 CDM 平台进行巨大的尝试，基本构筑了进行 CDM 的制度气氛。《绿色运行模式方案实施监管措施》是中国当下管理 CDM 平台交易进行的最基础的制度参考。可是同世界规章对比，此措施依旧具有很多不足，令中国的 CDM 避免地面临遭受着规章阻滞，提倡从下面几个层面对此实施措施采取健全：第一，取消 CDM 方案金融机构的界限，减少在国内进行直接贸易 CDM 方案的关隘，最大限度地招揽世界融资；第二，撤销价格需要经政府发改委许可的要求，进行交易价格靠平台改良商议的定价途径；第三，确立有关的方针要求，从而假设存在方案在申请时尚未获得海外买家的问题时，出现 CER 可以比较轻松地出让；第四，撤除中国政府从 CDM 方案中收缴盈利的要求，进行 CDM 方案所攫取的收益需完全属于进行方案的公司拥有。

同时，为健全中国交易的制定情况，促进中国进行绿色进程模式的制定水平构筑，要在下面几个层次采取革新：其一制定对技术转让的规定。中国可以考虑在法律层面提出对 CDM 技术转让的硬性要求。其二制定明确的 CDM 项目标准。包括：需求方的质量控制、短期内提高价格、与发展中国家结成联盟以增强议价能力等。其三建立合理透明的评估标准和批准程序，增加交易安全，减少风险。除了 CDM 交易本身以外，还涉及参与主体的多方合作、咨询等服务。中国 CDM 交易市场在咨询服务方面没有明确的法律规定，有待加强规范。

（二）中国碳市场中碳排放权的交易机制设计

1. 建立国内统一的碳交易平台

以中国占据 CER 一级市场的份额为依托，通过自动报价系统，为交易双方提供充分、准确的碳交易供求信息和交易细节，在信息对称、透明的基础上，有利于发挥价格发现作用，降低交易成本，形成碳减排量的人民币价格。与此同时，应加快研究国际碳交易市场的定价规律和交易制度，分析其风险评估体系和控制体系，在借鉴其先进经验并结合中国实际的基础上，尽快制定中国较为完善的碳市场交易规则。目前国内主要的三家涉及排放权的交易所分别位于北京、上海、天津。三个交易平台的建设目标虽表述不同，但本质无区别。因此，有必要在战略上对三个交易平台进行重新布局，统筹区域分工，发挥各自优势，避免竞争，形成互补，共同建构中国完善无重叠的碳交易市场体系。

2. 大力发展中间机构

碳交易的中间机构在整个交易过程中起着举足轻重的作用。对于一个国家来说，认证评级机构是金融体系的重要角色，不仅为整个国家金融体系的其他机构提供特殊的重要的中介服务，还代表着该国国际金融地位及话语权，甚至直接关系到该国金融产品的国际定价权。目前的国际碳交易中，谁掌握了认证评级标准，谁就控制了碳交易市场的定价权。

而中国金融体系中的认证评级机构目前在国际上无论规模还是专业度都受不到认可，在世界评级界的话语明显底气不足。这种开放的不对等性使得中国认证评级等金融中介服务业的发展处于不利地位。如果没有金融认证评级话语权，也就无从掌握人民币国际化进程中的市场定价权。因此，应通过加强中国认证评级市场监管，建立独立自主的认证评级体系，加快建立碳金融行业协会，对认证评级的专业服务提供咨询和指导，对认证评级机构的业务人员给予专业培训等，来提高中国在碳金融交易中的定价能力。

3. 建立强有力的货币绑定机制

正如"煤炭＝英镑""石油＝美元"的关键货币崛起之路，碳交易计价结算货币的绑定权是美元以外的国际货币走强的重要契机。各国都在关注碳货币的走势并制定碳货币的发展战略，通过将主权货币与碳减排交易资产绑定来提升本国货币的国际地位。中国要想掌握碳交易的定价权，就必须建立货币绑定机制，使人民币作为碳交易的结算货币，这是人民币成为国际货币的必由之路，也是中国在碳交易中争取定价权的关键一步。具体可通过交易规则的强制约束和相关立法保护来加强人民币计价和结算的绑定力度。

4. 提高交易参与者的风险意识及管控能力

大力发展碳交易的风险评估技术。针对当前交易中的参与者风险评估能力不足，除加强对参与者碳金融知识的普及和提高企业成本意识、风险意识外，金融监管部门还应组织相关部门和专业人员进行风险评估方法学的研究，提高碳金融服务机构和企业参与者对产品自身价值及可能存在风险的评估能力，并制定合理的风险规避措施。针对当前国际碳市场交易价格频繁波动的情况，碳金融服务机构应积极设计套期保值产品，以对冲、规避风险；同时指导碳交易的参与者确定合理的交易价格，从而提高中国碳交易市场的定价话语权。

（三）碳金融衍生品市场

1. 碳金融衍生品与传统金融衍生品的比较研究

国际互换和衍生协会（International Swaps and Derivatives Association，ISDA）对金融衍生品的定义是：衍生品是有关互换现金流量和旨在为交易者转移风险的双边合约。合约到期时，交易者所欠对方的金额由基础商品、证券或指数的价格决定。经济合作与发展组织对金融衍生品的定义是：一般来说衍生交易是一份双边合约或支付交换协议，它们的价值是从基本的资产或某种基础性的利率或指数上衍生出来的。因此，尽管传统金融衍生品的基础产品是各类商品和金融工具，但根据国际互换和衍生协会以及经济合作与发展组织等对金融衍生品的定义，理论上来说各类对经济、金融活动产生影响的风险都可以形成一类金融衍生品。近年来金融衍生品市场上的创新实践也表明，金融衍生品的基础产品正在从各类商品和金融工具向各类风险蕴涵对象转变，标的物范围日益扩大，新型金融衍生品不断推出。作为新型金融衍生品的典型代表之一，碳金融衍生品与传统金融衍生品既有相同点，也有不同点。

（1）碳金融衍生品与传统金融衍生品的类同

根据产品形态，碳金融衍生品与传统金融衍生品都可以分为远期、期货、期权和掉期四大类。远期合约和期货合约都是交易双方约定在未来某一特定时间、以某一特定价格、买卖某一特定数量和质量资产的交易形式。但期货合约是期货交易所制定的标准化合约，对合约到期日及其买卖的资产的种类、数量、质量作出了统一规定。远期合约则是根据买卖双方的特殊需求由买卖双方自行签订的合约。期货交易流动性较高，远期交易流动性较低。掉期合约是当事人之间签订的在未来某一期间内相互交换他们认为具有相等经济价值的现金流的合约。期权交易是买卖权利的交易。期权合约规定了在某一特定时间、以某一特定价格买卖某一特定种类、数量、质量基础产品的权利。

碳金融衍生品与传统金融衍生品的交易模式都分为场内交易和场外交易。场外交易参与者主要是以互换、期权、掉期的方式开展交易，合约不是很标准化、形式很灵活，市场参与者根据各自的需要，达成一对一的个性化交易。场内交易参与者主要是以期货和期权的方式开展交易，合约规格标准化，结算制度比较完备，具有更高的信用保障和流动性。

无论是碳金融衍生品，还是股票衍生产品、利率衍生品、汇率衍生品和商品衍生品等传统金融衍生品的交易都是保证金交易，即只要支付一定比例的保证金就可进行全额交易，不需实际上的本金转移，合约的了结一般也采用现金差价结算的方式进行，只有在满期日以实物交割方式履约的合约才需要买方交足货款。碳金融衍生品与传统金融衍生品交易都是保证金越低，杠杆效应越大，风险也就越大。

（2）碳金融衍生品与传统金融衍生品的区别。

传统的金融衍生品，如股票衍生品、利率衍生品、汇率衍生品和商品衍生品，主要规避的都是系统性价格风险；对应的标的物一般是某类资产，如在交易所中大量交易的利率期货、利率期权、货币期货、货币期权、股票市场指数期货、股票市场指数期权以及在场外交易的外汇掉期、利率掉期、黄金期货等，对应的标的物均为利率、货币、股票、黄金等可以交易的资产。碳金融衍生品规避的则是系统性数量风险；对应的标的物是将碳排放权指标进行专门处理后，可以为碳金融衍生品交易服务的基础指数（Underlying Index）。

碳金融衍生品市场与传统金融衍生品市场的参与者都包括套期保值者、投机者和市场辅助者。而两者的套期保值者和投机者不同。传统金融衍生品市场上，为了给持有的金融资产避险和获得盈利，商业银行、证券公司、基金等各种金融机构一般都既扮演套期保值者的角色，也扮演投机者的角色。企业参与传统金融衍生品交易则主要是为了规避股票、利率、外汇等在时间序列上的波动风险。碳金融衍生品市场上，商业银行、证券公司、基金等各种金融机构主要扮演投机者的角色。碳金融衍生品的收益与其他金融资产如股票和债券的收益不相关，各种金融机构通过适当买卖碳金融衍生品，改变和强化其投资组合的风险收益特征，可以获得更高的收益和更小的组合资产风险。由于风险容量不同、承受能力不同、金融目的不同，各种金融机构的参与可以提高市场的流动性和效率，因此各种金融机构的适度投机已成为碳金融衍生品市场合乎逻辑的组成部分，并对市场的成长起着至关重要的作用。

碳金融衍生品市场与传统金融衍生品市场上的市场辅助者也不同。碳金融衍生品市场上有两类独特的市场辅助者：碳排放数据资料供给者和专门的咨询服务机构。随着碳金融衍生品市场的成长，各种与碳排放风险管理以及碳金融衍生品有关的咨询服务机构开始出现。这些机构包括一些会计公司、咨询公司、顾问公司、软件公司以及专门的风险管理咨询公司等。它们的服务范围包括碳排放风险分析、风险定价、风险转移管理策略等。这些公司通常有较高的技术含量，通过开发和建立专门的碳金融衍生品定价和组合经营模型，为客户提供咨询服务。

2. 中国发展碳金融衍生品市场的政策建议

中国金融市场已初具规模，但在市场完备性、风险管理和资源配置的有效性上都与国际成熟市场有较大的差距，因此其创新一直受到成熟市场创新的引导。在气候变化已然成为改变经济运转的决定性力量之一和碳金融衍生品市场正在成为全球金融衍生品市场中最具创造性和活力的市场之一的大背景下，中国应充分利用后发优势，借鉴和吸收国际碳金融衍生品市场发展的经验教训，立足于中国经济和金融市场的改革进程相适应、相协调，迈出构建多层次金融市场体系的重要一步。目前，中国对碳金融衍生品及其作用的了解尚处于起步阶段，碳金融衍生品市场尚未建立起来。因此，中国发展碳金融衍生品市场具有广阔的前景。

第一，加快发展期货期权等基础市场。碳金融衍生品所需要的发展基础和条件不尽相同，也不可能同时具备和成熟。发展碳金融衍生品应遵循产品风险由低到高、产品结构由简单到复杂、时机成熟的先行推出的原则，逐步推出各类碳金融衍生品。根据中国的现实情况，我们认为，先发展期货交易所时更为适宜，交易品种则以先推碳指数期货为宜。

目前中国资本市场规模还比较狭小，保险市场还不发达，期权市场尚未推出。而有些碳金融衍生品是以期权作为基础设计的。因此，当务之急是国家应出台相关政策法规以促进保险市场和期货期权市场的发展和完善。

同时，一个健全完善的期货市场也需要对冲期货市场风险的期权品种。期权交易是在期货交易基础上产生的一种全新的衍生产品和有效的风险管理工具，具有独特的经济功能和较高的投资价值。期货市场的发展成熟和规则完备会为期权交易的产生和开展创造条件，而期权交易的推出又将稳定相关品种期货市场，并为套期保值者和投机者进行期货交易提供了更多可选择的工具，从而扩大和丰富期货市场的交易内容。

第二，提高碳排放行业主体的市场参与意识。鉴于中国的企业和个人缺乏碳排放交易的意识和工具，因此，在能源企业、旅游企业、建筑企业、交通运输业以及农业生产者中，需要强化通过金融市场参与碳减排的意识，为中国碳金融衍生品市场的发展培育市场主体，奠定良好的市场基础。能源、交通、电力等受碳排放直接影响的行业目前或多或少都缺乏碳交易的参与意识。培养碳排放行业主体的碳交易意识是非常必要的。因为虽然投机者的适度投机是碳金融衍生品发展中合乎逻辑的组成部分，并对碳金融衍生品的成长起着至关重要的作用，但发展碳金融衍生品的重要原因是为了让碳排放行业主体通过参与碳交易和碳金融获得减排收益，实现减排目标。

第三，建立和规范碳金融衍生品的技术支撑体系。尽管碳金融衍生品还处在其发展的最初阶段，但交易惯例正在形成，定价技术不断进步，产品的流通性不断扩大，市场的弹性不断增加，产品设计及交易需要得到法律、税收、会计和监管法规等各方面的支撑，对掌握综合知识的复合型人才具有很强的需求。同时，作为一项全新的衍生产品，碳金融衍生品既不同于商品期货，又有别于传统金融衍生品，其结算价格的产生机制技术性较强、专业化程度较高。因此，引进和培养大量不但掌握金融衍生品和商品期货的理论知识，而且掌握碳金融衍生品的理论知识、实践操作技术并且经验丰富的复合型人才，完善和规范碳金融衍生品的技术支撑体系，是保证碳金融衍生品顺利推行必不可少的环节。

第四，创新碳金融衍生交易工具。碳金融是大气与环境金融学结合与创新的新兴事物，由于新，所以各方面都有待完善。首先，迫切需要金融业专业人士开发有关碳商品的金融化的结构安排，其次还应提高碳金融服务水平，合理规划并优化减排资产项目的组合，减少排放权实际需求方的费用。目前，中国银行和深圳发展银行已经行动起来，他们推出了"与二氧化碳排放额度挂钩的期货价"的理财产品，为碳交易市场注入了活力。此外，还应发展碳指数、碳资产证券化等衍生工具。

一是设计各类碳指数和能源环境指数。指数创造的意义在于其可以使天气市场与商品市场产生联系，并且这种联系极易使投资者理解。目前，新能源财经公司参与开发了世界上第一支全球股票市场清洁能源上市公司指数，投资者可以通过路透社、彭博通讯社、雅虎等避免地面临到它的最新行情，从而分析并进行投资。此外，随着气候变化的逐渐增多也促使各种与气象相关的指数在国际上推出。雪指数（snowfall index）就是被创新出来的金融工具之一。试想，在不久的将来，新能源、环保指数将成为环境金融主要的交易工具之一

二是碳资产证券化。资产证券化融资，是指以项目所拥有的资产为基础，以该项目未来的收益为保证，通过在金融市场上发行债券来筹集资金的一种融资方式。碳资本股票化是说公司把具备研究前景的碳资本出售向商家，商家把此类碳资本吸收进现金池，然后把此现金池所形成的货币流利润形成维系在融资平台上发放有值股票流通，进而用现金池形成的货币流来回报所发放的有值股票。碳资本股票化最重要的过程是确定研究的方案可以形成收益，也就是碳资本需要可以形成可估计的货币流。

三是排放减少信用（Emissions Reduction Credits）金融衍生品。排放减少信用是指排污单位通过治理污染，其实际排污量低于允许排污量，该排污单位可以向主管机构申请排放减少信用（等于实际排污量与允许排污量之间的差额）。欧洲条文已给了碳释放权以金融衍生手段的资格，同时认可其以有价证券的形式在银行储蓄，同时存款的信用能够转让至其他企业。

第六章　碳金融体系运行的制度安排

市场经济在迄今为止的所有经济运行机制中最有活力，市场也是最具效率的资源配置手段，其功能和优势无法被替代。市场对于低碳经济和碳金融的发展也是不可或缺的资源配置手段，但经济学家在研究市场经济的过程中均假设市场是完全竞争的，在这一假设前提下，社会资源可以达到充分利用和有效配置，然而这一理想化的假设在现实中并不存在。现实中的市场经济有其局限性，在不完全竞争条件下，市场机制不能充分发挥作用，便出现"市场失灵"。在新低碳经济框架下，其主要会表现为微观经济低效率、宏观经济不稳定性增强、缺乏与效率相适应的社会分配公平三方面。

与此同时，平台在充分配置环境资源、控制污染程度等方面上具有的不足就给政府介入带来了机遇和原由。但政府干预也同样存在"政府失灵"的问题，根据公共选择理论，因为政府可以得到的数据的不充分性同不对等性、政府应对的局域性、方针运行的滞后还有贿赂行为等出现，令身处"理性人"的政府无法确立出健全的低碳经济金融支持法律法规，不能严格守法、执法，就会出现"政府失灵"，表现为政府无效干预和过度干预。这两种情况都使政府干预非但不能克服"市场失灵"，反而还会导致资源配置更加有失效率和公平，经济恶化加重。

导致"市场失灵"和"政府失灵"的根本原因是"政策失灵"。政策是管控的结晶。而"政策失灵"即政策制定同控制的不足与政策效果的不足，体现为管控的失败。1993年诺贝尔经济学奖获得者提出了著名的制度变迁路径依赖（Path—Dependence）理论，即由于规模经济（Economies of Scale）、学习效应（Learning Effect）、协调效应（Coordination Effect）以及适应性预期（Adaptive Effect）等因素的存在，政策变更会沿着伴随旧政策的方向发展，具有极高的非独立性、回报上升性与个人提高性，它的不利方面则是"政策失灵"大小的增大还有维持时间的增加。因此，要构建完善的碳金融体系，除对其市场调节手段下的运行机制进行设计外，合理的制度安排就成为可能和必要。文章认为，维护碳金融机制良性运行的制度安排主要应由碳金融货币政策和碳金融监管两方面构成。

一、碳金融体系中的货币政策选择

（一）货币政策工具影响碳金融发展的机理

1. 一般性货币政策手段的作用路径

一般性货币政策作为关键的方针手段，能够对货币供给量及信用总量进行调整，对碳金融的运行以及碳金融的发展发挥作用，其一般涵盖法定准备金方针、再贴现方针、公开市场业务三个政策手段，统称"三大法宝"。第一，差异法定存款准备金政策对碳金融进步的促进。差异法定存款准备金政策是指人民银行对商业银行等储蓄组织的存款准备金采取区别对待，通过规定商业银行等金融组织参照规定比率缴纳一定额度的准备金来调节商业银行的超额预备，进而引导碳金融的发展。

例如，对"赤道银行"采用较低的法定存款准备金率，一方面可以增加"赤道银行"的超额准备金总额，增加"赤道银行"创造派生存款的能力，即增加"赤道银行"提供碳金融服务的供给能力；另一方面也可作为一种政策导向，促进商业银行采用"赤道原则"，推动商业银行的低碳转型。差异法定存款准备金政策身为一项货币方针手段，其优势为货币提供量能够极大的影响商行的信用扩张能力，其影响力度大、速度快、效果明显，但也存在着不宜经常采用、难以随时调整的不足。

第二，再贴现政策对碳金融发展的支持与告示作用。再贴现指商业银行或其他金融机构为提前获得资金融通，将贴现所获得的未到期商业票据向中央银行转让，从而获得资金支持的一种方式。从目前看，中国实施的再贴现率水平政策，支持"绿色信贷"的发展。再贴现作为中央银行的货币政策工具是通过对商业银行或其他金融机构持有的商业票据买进后投放现实货币，从而控制货币总量；商业银行再贴现则就是为了解决融资困难。再贴现从实际上来说即一种证券的交割关系。1981年开始，中国的贴现、再贴现活动着手创办，通过几个过程，从试验到拓展，再到规范运营，管理模式日益健全，活动范围日益增大，再贴现现在已是中国人民银行一个关键的货币方针手段。

再贴现方针是人民银行为了调节市场货币供应量，根据信贷资金的供求情况，通过再贴现利率的调整来干预市场利率和影响货币市场的供求的一种金融手段。从再贴现方针对宏观经济的影响效果层面看，拥有辅助性与导向性的性质。在再贴现活动的发展阶段看，再贴现政策具备五个功能：

一是资金融通功能。金融机构为实现融通资金的目的而向中央银行办理再贴现。这也是再贴现最为直接、最为原始的功能。这一点从形式上看与中央银行的再贷款很相似，但实质上却是有区别的，二者的实现依据也不尽相同。再贷款是中央银行对金融市场的一种直接调控手段，再贷款关键是处理金融机构的资本短期头寸缺乏的情况。此手段在 1994 年以后由于人民银行对国有商行采取了再贷款投入而较少采用了。然而再贴现作为一个非常关键的货币方针手段，是把已贴现的商业票据作为主要实现依据。在票据市场的逐渐完善下，再贴现的应用范围呈现逐步扩大的趋势，所取得的成果也日益显著。

二是货币政策告示功能。政策的告示效应在再贴现政策中有更明显的体现，能够在一定程度上对人们的理想估计，具有特别大的作用。再贴现方针的关键作用是调节再贴现率，如果改变了再贴现率，也就是表明中央银行对经济形势的态度和认定，向社会公布其货币政策，通过影响商业银行改变信用量，从而控制货币供应量，达到影响市场利率升降的效果。中央银行上升再贴现率，意味着要运用紧缩的货币方针，商行受它的作用会减少放款，导致公司减少借贷与消费；那么人民银行下调再贴现率，便意味着要进行扩张的货币方针，商行由它作用会投出贷款，导致公司进行信贷，加大产量，行业信用水平上升。提高和降低再贴现率的再贴现政策作为国家货币政策的主要工具，在西方发达国家表现得尤为突出。很多西方发达国家通过这一功能控制货币供应量，影响市场利率，从而导致社会经济行为的变化。

三是间接宏观调控功能。再贴现政策是在金融体制改革中宏观调控由直接调控向间接调控转变的过程中产生和发展的。与其他货币政策工具调控手段的作用相比，再贴现政策能更好地完成调整货币提供量同调整利息高低的协调。人民银行控制再贴现总额的同时调整再贴现率，既能达到调节货币供应量的效果，又能对实现利率水平的控制。同时能够促使商行收缩或放宽借贷，从而令流通中的利率水平根据估计进行变化。

四是促进商业信用票面化。从某些角度来讲，为中国再贴现方针拥有的特别性质。健全的票据市场能够显示再贴现政策的进步，另一方面高效有利的再贴现政策也对市场的进步带来激励的反作用。人民银行采取再贴现措施向市场提供信用，令商行可以运用再贴现方式处理资本不足，提高进行票面贴现的主动性；票面贴现业务的加速发展，又会促进商业活动的票据化。

五是提高资本运作速率，提高借贷资本水平能力。现在中国金融体系存在的问题当中，扩大贴现与再贴现在金融活动中的比重，建立银行企业之间真正的借贷关系，是解决银行信贷不良资产的一个重要举措。一是贴现同再贴现以商品交易中产生的合法票据为依据，把银行的资金发放、回收与商业贷款的回收绑定，从而给借贷资本的常规运行、加大借贷水平给予了维护；二是中国国内贴现的时限通常是 120 天，再贴现时限与银行其他借贷比较明显较短，这样就可以减少信贷规模，提高信贷质量和使用效率；三是中央银行对商业银行的再贷款会由于再贴现业务的增加而下降。所以，再贴现方针拥有充分的提高资本运作速率与提高借贷资本水平的职能。采取再贴现方针，中央银行可以调整再贴现比率和控制向人民银行要求再贴现的资格，并以此控制商行等储蓄货币组织从人民银行得到再贴现贷款，以达到增加或减少绿色信贷供应量、促进碳金融发展的目标。

中央银行的再贴现政策可以对货币供应总量的增减产生一定影响，同时还能够通过两种方式对信贷结构进行调整，以提高其与产业政策的适应性方法。中央银行通过对具有贴现资格的再贴现票据种类的规定来影响商业银行的资金动向；方法二：人民银行给再贴现票据实行区分再贴现率，从而对再贴现数量产生影响，以达到对货币供应结构的控制。为促进低碳经济发展，中央银行可以优先为节能环保产业的票据办理再贴现，或者禁止三高产业票据的贴现，这将有利于引导资金流向低碳产业，为低碳经济的发展提供金融支撑；也可以通过为低碳产业的贴现票据制定较低再贴现率，降低低碳产业的融资成本，促进其平稳快速发展。同时，再贴现政策可产生货币政策支持低碳经济发展的告示作用，从而影响和引导公众预期，吸引社会资金流向低碳产业，促进低碳发展。

再贴现政策已经成为中央银行调节信贷结构，引导社会资金流向的有效工具，但中央银行虽能调整再贴现率的结构，确定再贴现票据的种类，却不能强制商业银行借款。随着金融市场的发展，市场工具日趋多样化且便利程度不断提升，商业银行等金融机构的市场筹资渠道将越来越多，而中央银行运用再贴现政策工具时只能被动等待借款者"上门"。相对于公开市场业务，再贴现政策的效果更难于控制，再贴现率不能经常反复变动，缺乏灵活性，从而限制了再贴现方针的作用。

第三，公开市场业务对碳金融环境的维稳功能。公开市场业务是人民银行在融资平台购入或售出有价股票，从而影响商行等储蓄组织的准备金，同时影响资本提供量与利息比率，完成资本方针要求的一个方针手段。同再贴现方针和法定存款准备金政策相比，公开市场业务针对碳金融或低碳发展的激励作用较弱，但其作为大多数国家中央银行经常使用的货币政策工具，可以为低碳经济发展提供稳定的金融环境。

2. 选择性货币政策工具的运作路径

选择性货币政策是指人民银行在不同经济领域，对非常规信贷采取信用调节时所使用的政策手段。如消费信用管理、证券市场信用管理等。当对低碳产业或低碳商品实行优惠的信用控制措施时，就能够在一定程度上促进低碳经济的发展。

第一，以消费者信用控制引导低碳的消费模式。当中央银行对除不动产的各种耐用消费品的销售融资进行控制，从而使消费者对耐用消费品有需求时，就可以发挥引导消费模式的功能。低碳经济的本质是绿色经济，绿色消费是低碳经济在消费领域的具体体现。低碳经济促进绿色消费观的构建，绿色消费观推动低碳经济的发展。绿色购物观引领下的价值评价与主观想法，一方面作用购买者购买喜好的构筑与购买商品的挑选范围，另一方面限定着购买者实际的购买模式。低碳消费方式涉及到方方面面。在目前中国的经济社会条件下，广义的低碳消费模式包括五个层次的含义：一是"恒温消费"，消费过程中温室气体排放量最低；二是"经济消费"，即对资源和能源的消耗量最小、最经济；三是"安全消费"，即消费结果对消费主体和人类生存环境的危害最小；四是"可持续消费"，对人类的可持续发展危害最小；五是"新领域消费"，转向消费新能源，鼓励开发新低碳技术、研发低碳产品、拓展新的消费领域，更重要的是推动经济转型，形成生产力发展的新趋势，将扩大生产者的就业渠道、提高生产工具的能源效益、增加生产对象的新价值作为标准。

对低碳消费模式的引导可以从以下四个方面着眼。其一，对贷款购买耐用消费品的首付款的最低金额加以规定。若提高以分期付款方式购买耐用消费品的首付，就可以抑制过度消费及"大量生产、大量消费、大量废弃"的资源耗竭型消费和环境污染型消费。其二，规定用分期付款等消费信贷购买各种耐用消费品借款的最长还款期限，最长还款期限越短，对超前消费的抑制作用越大。其三，要求通过分期支付购物借贷措施购买经久购买物的样式，也就是要求哪类经久购买物能够采取分期支付信用手段采取交易，哪些耐用消费品不能使用该方式购买。其四，建立并完善碳标识制度。例如，美国、英国等10多个国家已经出台了"碳标签"标识政策，要求今后上市的产品上必须有"碳标签"，即在包装上标明产品在生产、包装和销售过程中产生的二氧化碳排放量，方便居民选购。当地的居民在购物时，把二氧化碳排放量的多少作为是否购买该商品的主要参考因素。同时该标签也可以作为是否适用于分期付款的标准。高碳标签的商品如高能耗的 SUV 汽车不得申请分期付款，而新型充电汽车不仅能够分期付款，而且可以降低首付款比例，延长付款期限。以是否有助于促进节能环保为原则，进行消费信用控制将能有效引导 5S 消费，即简约性（saving）、耐久性（sustained）、共享性（sharing）、无害性（safe）、体恤性（sympathetic）消费。

第二，以证券市场信用控制推动碳证券的发展。证券市场信用控制，亦称垫头规定（margin requirements），指人民银行与有价股票的交易中，要求应缴纳的保证金定值，旨在于为了管理通过借款消费有价股票的比例。此外一个处理股票平台的借贷额采取限定的不同手段。称之为垫头规定是因为它实际上就是规定购买有价证券必须付出"垫头"，如果规定垫头为 60%，则买进证券时必须拿出 60% 的现款，其余的 40% 可以用向经纪人借款来支付。证券市场信用控制可以用于支持碳证券业的发展，例如，通过对碳证券或碳基金业制定较低的垫头标准，满足碳股票平台借贷资本的要求，平衡碳股票平台价格，而且协调借贷交易形式，引导资金流向碳证券或碳基金领域，进而间接支持低碳产业的发展。

第三，以差异化的不动产信用控制促进房地产行业绿色转型。不动产信用控制（control over mortgage），是指人民银行为商行等金融机构给参与者给予房地产担保借贷采取控制限制的手段，一般涵盖要求借贷的顶级限定、借贷的最高时限同首笔支付的底线额度等。不动产信用控制的要求关键在于限制房地产投机，抑制房地产泡沫，同时影响总需求。差异化的不动产信用控制可用于引导房地产行业的绿色转型，如减少购买绿色环保住宅的首付并延长付清房款的年限，可以激励房屋需求者用抵押贷款来购买绿色住宅，从而带动建筑业绿色转型；反之，提高高能耗商品房的首付并缩短付清房款的年限可以限制人们用抵押贷款来购买高能耗非环保住宅，从而减少对该类住宅的需求。差异化不动产信用控制实行的前提是建筑技术的发展，以及商品住宅碳标签的标准化与普及。

第四，通过优惠利率推进低碳行业发展。优惠利率是指人民银行对中国准备着重研究的部分机构、组织和商品设定倾向性的低利率，以促进它们的进步，促进国家金融行业形式、商品组织的协同与革新。优惠利率可以通过和国家低碳经济发展政策相结合来实施。对战略性新兴产业，如新能源产业、新技术、新材料、生化产业等，制定较低的优惠利率，从而对其提供资金方面的支持。可通过两种方式实行倾向利息：首先，人民银行为要求采取着重辅助的领域、公司还有商品采取倾向性低利率，商业银行据此对其提供贷款；二，中央银行降低重点扶持行业票据的贴现率，从而对商业银行的资金投量与投向进行引导。

3. 其他货币政策工具的作用机理

中央银行还可以通过直接信用控制和间接信用指导的方式引导金融业的绿色转型，为低碳经济发展提供金融支持。在促进碳金融发展方面，可以采取加大碳金融项目贷款利率的浮动范围，建立与绿色贷款相关联的信贷规模指导等方针，引导其向碳金融领域发展。中央银行可以通过工作会议及窗口指导，使金融机构理解中央银行发展低碳金融的意图，引导资金流向低碳领域。

（二）支持碳金融发展的货币政策选择

为进一步推动低碳经济的发展，中国应更好地发挥中国人民银行、银监会、证监会、保监会等部门的宏观指导作用，建立与低碳经济发展相适应、与节能减排项目贷款相关联的碳金融货币政策。

1. 实施有差别的货币政策

低碳经济所需资金巨大，但目前不同产业分布不均衡，各地区低碳经济发展也不均衡。中国客观存在着区域经济发展的差异性与国家金融政策的统一性之间的供需矛盾，监管部门应改变"一刀切"的现状，加速构筑适应中国区域避免地面临分化货币方针，日益提高差异化管理水平，控制资本流动方向，使资本向需求较高的领域及地区流动。

一是实行有差别的再贷款政策。中央银行经过管理体制改革以后，中国人民银行分行实施经济区域划分，各区域的中国人民银行分行在中国人民银行总行的授权下获得一定的调控权限，可依据本地区独特的经济金融发展状况发放一定量的再贷款，也可适当对再贷款的期限进行延长，达到对支持低碳经济发展的支持。

二是实行灵活的利率政策。目前的利率还没有实现完全市场化，在这种情况下，中央银行对是否发展低碳经济的利率管理政策应当有所区别，在探索实施结构性的差别利率政策的同时要严格执行扶优限劣的措施，针对科技、环保等需重点扶持的可持续发展产业制定低利率政策，以满足绿色、环保企业对资金的需求，大力支持有利于发展低碳经济的利率差别政策，与此同时，中央财政应对利率损失给予适当的弥补。

三是实行区别性的信贷管理政策。国家实施灵活的信贷政策，适度降低建设项目资本金的限制以及延长银行的贷款期限等一系列措施，引导商业银行的资金动向及动量，加大碳金融支持低碳经济发展的力度，引导商业银行大力支持低碳经济技术进步，加快低碳科技进步，为适应要求的低碳科技探索研究、低碳商品制造还有低碳科技进步等方案给予倾向借贷，为扩大发展低碳经济的信贷资金规模创造良好的政策环境。此外，人民银行应积极采用差异化的法定存款准备金政策、差异化的再贴现政策，以及选择性货币政策工具为低碳经济发展提供金融政策多维度的激励与支持。

2. 充分利用外汇储备发展低碳经济

外汇储备是一个国家经济实力的重要组成部分，它是弥补本国国际收支逆差、抵御风险、稳定本国汇率以及维持本国国际信用的物质基础。近年来中国外汇储备规模急剧扩大，在2010年6月就已排名世界经济体第一。雄厚的外汇储备为中国经济社会发展提供了良好条件，但是当前过高的外汇储备也对经济社会发展造成了一定的负面影响。解决外汇储备溢出情况基础需倚仗平台途径，货币手段、财政手段等多项政策方针构筑组合，将外汇准备导入低碳经济建设中。发展低碳经济，必须依靠科技，把资源优势转化为经济优势。低碳经济技术创新的难度较大，需要大量的研发资金。政府要通过对外汇储备的合理运用，购买、吸收、消化、创新发达国家发展低碳经济的先进技术及其设备，引进这方面的高素质人才，切实提高自主创新能力，为发展低碳经济服务。即便当下中国在购入世界科学角度获得了某些成果，可购入的水平还很低。欧盟一直以来作为中国累计的第一大技术供应方，也是中国技术引进的最大来源地。仅 2006 年 1 至 12 月，中国就从欧盟引进技术累计 2597 项，合同金额高达86.6 亿美元，这一比重占全国技术引进合同总额的 39.3%，几乎相当于中国从日本（52.4 亿美元）以及美国（42.3 亿美元）购入的科技全额。所以，中国需足够采取外汇存储来购入世界碳金融领先科技及机械，贸易政策储备资源，这不仅有利于缓解当前的外汇储备过多引起的阻碍，同时促进碳金融的进步，也促进金融前进手段的关键进步。在外汇管理政策方面，相关部门应配合 CDM机制研究并开通"碳金融绿色通道"，将跨境"碳资本"自由流动列为逐步实现资本项目可兑换的先行目标。

3. 促进低碳经济发展的其他金融扶持政策

同时加强与地方政府的协调与沟通，使地方政府积极建设政府项目，以起到相应的示范引导作用，可以借由"窗口指导"的方式，向辖内金融机构大力推进低碳经济重点建设项目，引导和鼓励商业银行对低碳经济产业加大信贷资金的投入。在一些政府刺激经济的项目贷款方面向"绿色信贷"开展较好的商业银行倾斜，以加强低碳领域的人才培养以及机构建设，进而达到产业化、规模化发展。

第一，适度采取有助于低碳经济发展的金融自由化政策。首先，规范发展民间借贷，积极引导规范民间金融的发展。规模不断扩大的私人筹集，现变成中小公司得到构筑资本与流通资本的关键手段。应对私下贸易高速进步的倾向，政府机构要重视民间资本，要采取客观探索并尽快进行策略改进，充分调动民间资本的积极性。积极鼓励民间金融业务的合法、合理发展，取消限制民间资本的不合理规定，增加和完善民间资本的借贷渠道，用过剩的民间资本来解决中小企业融资难的问题。重点扶持低碳经济产业、企业，增加低碳经济项目，使民间资本成为支持地方低碳经济的重要力量。允许民间资本或外资借壳在一定条件下进入金融领域，从事金融服务，这样既有利于减轻商业银行等金融机构的信贷压力，又有利于提高社会金融资本的合理配置，拓宽资本渠道，满足市场的金融需求。

其次，鼓励民营银行建立和发展，完善金融机构建设。主要是使农村信用社真正成为地方低碳经济发展的关键力量，成为提高资金市场的服务支持功能的有力支撑。在现有再贷款利率基础上适当下浮，以支持低碳型农业、中小型低碳企业的发展。还可通过鼓励建立和发展民营银行以实现低碳经济发展。途径一：成立民营企业全资拥有的新型民营银行；途径二：让民营企业收购及入股信用社以成立非国有银行；途径三：使股份制银行吸纳更多的民间资本；途径四：在经济发达的地区，将原有的城市信用社及农村信用社改制成为商业银行。在将原有的农村信用社组改成农村商业银行的过程中，一定要有新的资本金投入，农村专业户、城乡居民个人、乡镇企业、民营企业等均可注入资本成为新股东，或者可以由私人收购信用社，进行重新的市场定位，制定规范的产权制度，实现民间银行机构自由参与市场竞争，为低碳经济建设提供有效支持。再次，扶持中小银行的发展。如可在分支机构的网点增设上根据业务的不同进行适当的分工，适当调整现有的机构布局。由此中小银行可在支持低碳经济建设中发挥积极作用。

第二，建立金融业相互配合机制。中央银行要积极创造条件，整合、拓展现存农村金融机构，使其成为现有金融体系的有力补充，与其他金融机构密切配合，良性互动，形成扶持低碳经济发展的强大凝聚力，共同为低碳经济的发展提供强有力的金融支持和全方位金融服务。

二、碳金融体系中的金融监管制度安排

在碳金融产生并高速发展的今天，碳金融风险亦快速集聚，中国分业监管的金融监管模式已经不能适应碳金融发展的需要。为了更好地防范金融风险，有必要对中国现行分业监管模式在碳金融风险监管方面的问题展开深入的分析。任何金融监管模式都是结合金融体系的制度结构设计的。碳金融交易市场的出现和创新增加了使金融机构和金融系统的管理机制和风险特征变得更加复杂。

（一）碳金融监管方案的制度经济学研究

国际上拥有五花八门的融资管理的制度安排，很显然不存在一个最佳的制度结构模型。金融监管制度安排的理论基础是新制度经济学。新制度经济学本质上是一个跨学科的研究领域，包括产权理论、法律的经济学分析、公共选择理论、宪法经济学、集体行动理论和比较经济学体系等等。新制度经济学创始人诺斯将制度定义为人类沟通互动的约束，包括正式的约束（例如规则和法律）和非正式的约束（如行为规范、道德约束等）。

1. 制度和金融体系的关系

20 世纪以来，一些学者开始研究制度对国家间经济发展差异的解释能力。

相关学者认为，只有在制度对经济发展具有协调与保障作用的前提下，资源的分配对于经济的增长才能起到积极的促进作用。Fukuyama（2006）研究发现经济增长的直接原因是制度。虽然目前对于"制度"的定义尚未统一，但是对于好的制度能够促进经济增长的结论已基本达成共识。

制度对于金融体系的影响是毋庸置疑的。国家的金融体系和制度特征深深地根植于国家的历史和政治文化之中。造成很多国家金融发展缓慢的原因有三类，其中最重要的一类就是制度的不发达。金融体系不能够在制度空白的情况下发展，金融体系的有效运转需要良好的制度条件，以降低交易费用、提高社会信用、保护私有财产，从而调动个人和企业的积极性，提高创新的动力和能力。一些国家金融欠发达可归因于国家制度的缺陷以及缺乏构建稳健的金融体系的制度基础。相关学者研究了美国和墨西哥从独立到1913年的发展，发现制度因素在其银行业的规模扩张和结构调整中扮演了重要的角色。

前人的研究成果表明，制度和金融表现之间有着重要的关系，意味着对金融体系的任何改革都需要制度作为支撑，否则改革的结果必将与最初的目标相差甚远，甚至背道而驰。要改革中国目前的碳金融监管体制，建立一个独立的碳金融监管机构，制度方面的支撑必不可少。

2. 碳金融监管改革的制度支撑

根据制度与金融体系之间的关系，对金融监管进行改革需要以下四方面的制度支撑：第一，政府职能的有效发挥。政府在实施有效的碳金融监管改革方面发挥着重要的作用。一方面，政府必须确保碳金融系统的稳定，任何改革都会遇到阻力，容易引发各类问题，而政府的职能就是在变革的过程中掌控大局，保证金融系统的整体稳定和健康发展。另一方面，政府应避免过多的干预，鼓励私人部门参与，增强市场活力，从而促进金融发展。

第二，监管机构的独立性及问责制。相关学者定义了独立的监管机构所包含的四个方面：管理独立、监督独立、机构独立和财务独立。其中管理独立和监督独立是核心内容，机构独立和财务独立是前者的必要支持。

管理的独立性意味着机构在法律的框架内订立规范及开展管理活动有足够的自主性。这既是最重要的，也是在中国最难实施的，因为它所需要的支撑通常与法律传统中根深蒂固的制度相悖。监管的职能包括：授权、监督、制裁和危机管理，监管独立同样很难实现。机构的独立性是指独立于政府机构和立法部门的机构地位，包括三个重要因素：高级人才的任命与解雇、治理结构、决策制定的开放和透明。财务和预算的独立是指在决定机构预算规模和应用方面的独立性。财务和预算独立于政府能够确保金融监管独立于各方势力的控制。制定并实施监管机构问责制，确保权责明确。只有权责分配合理，才能够确保监管机构切实从社会利益的角度出发，明确监管目标，对碳金融业务实施有的放矢的监管。

第三，有效的法律和司法系统。由于碳金融业务的特殊性，使其在具有一般的市场风险、信用风险、流动性风险以及操作风险的同时，也具有极大的政治和法律风险。因此要进行有效的碳金融监管改革，建立独立的碳金融监管部门，就必须有强大的法律和司法体系作为支撑。

第四，有效的信息披露制度。要强化碳金融监管的效力，避免违规行为的出现，需建立有效的信息沟通和披露机制。中国现阶段，应建立统一的碳金融业务披露机制，全面、及时地发布碳金融业务的相关信息，提高信息的透明度，减轻不完全信息的影响。

（二）金融监管模式的比较

对中国来讲，可选择的碳金融监管模式主要有两种：一是保持目前的分业监管格局不变，将碳金融业务视为金融创新的一种，继续实行分业监管；二是对金融监管机构进行变革，实行专业化分工，另外单独建立一个专门的碳金融监管机构，即实行碳金融业务统一监管。这两种监管模式各有利弊，目前中国所采取的碳金融分业监管模式的优势体现在：第一，与现有的金融监管模式相一致。目前中国对金融行业采取的是分业监管模式，因此对碳金融实行分业监管能够更好地契合现存的监管模式，使各监管主体在各自的监管范围内实施监管。第二，与目前的法律体系相适应。由于中国目前采取的是分业监管模式，因此大部分金融监管的法律法规都是针对各个行业制定的，实施碳金融分业监管能够契合中国现有的法律体系。第三，避免由于碳金融监管模式改革造成的冲突。对碳金融监管进行改革必将涉及到权力资源的再分配，引发不同主体间的利益冲突，反而在一定程度上增加了监管的成本，降低了监管的效率。

与分业监管相比，专门的碳金融监管机构拥有诸多优势，主要包括：第一，监管更加有效。随着金融业的日益发展，不同金融行业之间的界限越来越模糊，对银行业、证券业、保险业的分业监管模式形成了挑战，而统一的碳金融监管更适用于金融领域混业经营的模式。第二，实现规模经济。统一的碳金融业务监管可以使得信息流通更加通畅，避免重复劳动，实现规模经济。第三，增强问责制。统一的碳金融业务监管可以明确责任，避免由于分业监管造成的权责不清等问题。第四，提高碳金融监管机构的权威。统一的碳金融业务监管可以提高碳金融监管机构的权威，为实施有效的碳金融监管提供保障。通过对比分业监管与建立综合监管机构可知，分业监管的主要优势在于无需增加成本，而建立碳金融综合监管模式从长期看优于分业监管模式，但是短期内需要付出改革成本。另外，对碳金融监管模式进行改革需要制度支撑。由此可见，两种监管模式各有所长，在具体选择监管模式之时，必须要综合考虑中国法制环境、经济发展状况、金融规模等诸多因素。

（三）对碳金融监管模式的比较分析

每种金融体系都有其固定的金融监管模式。产业结构的不断调整和新兴技术的陆续产生使金融系统推陈出新，金融创新在不断挑战许多现行制度创立时的假设。碳金融交易市场的出现必然造成金融机构和金融系统的风险特征变得更加复杂，而碳金融的产生必然要有新的监管模式产生。

1. 现行监管机构的制度结构面临挑战

金融监管体制一般有三种分类方式：按机构分类、按目标分类和按功能分类。按机构分类时，一般都以金融业务作为分类标准，分为银行、保险和证券三大类型。中国的金融监管模式就是这种模式。碳金融虽然是一种创新，但也必须受制于这种金融监管体制。实际上，如基金管理、财务咨询等还其他许多类型的碳金融活动也需要监管。

现有金融监管体制存在着一些管理缺陷。各种类型的监管机构提供不同类型和强度的管理，将会产生竞争问题。从被监管者的角度看，受到不同种类的监管，极大可能造成监管低效，多头推诿的局面。在碳金融框架下，中国现行分业监管模式的弊端逐渐显现，无法及时准确地识别、防范和管理风险，难以为碳金融的发展创造良好的制度环境。

第一，分业监管模式导致监管机构的监管力度下降，出现监管盲区，不利于及时发现并有效控制风险。第二，分业监管不能形成规模经济，联合监管、信息、技术和经验的共享以及相互的支持成本高。同一机构不同部门之间的合作成本显然要低于不同机构联合监管的成本；不同机构同类或相近信息的采集、处理与分享存在成本的分担问题，容易产生机会主义倾向；一项碳金融业务可能涉及多家金融机构，监管技术和经验的共享以及相互支持异常重要，分业监管模式下跨机构的支持成本必定高于一个机构下不同部门之间的合作成本。第三，分业监管不利于专业监管人员的培养和发展，从而不力于碳金融监管效率的提高和效果的提升。因为碳金融监管在分业监管条件下，只属于金融创新的一种，监管人员对碳金融知识和经验的积累动力不足，不利于监管人员专业技术和经验的积累，不利于专业人员的发展和晋升。专业人员的缺乏和技术经验的不足对碳金融监管的有效性形成挑战。第四，目前的分业监管模式不利于监管外资金融机构的碳金融业务。外资金融机构多数是全能型金融机构，旗下部门涉及银行、证券、保险、基金、担保等多种金融业务，分业监管模式的高成本及监管中的盲点导致监管效率低下。

设计监管模式的最终目标是好的监管效果和高的监管效率。而且两者不会给彼此增加或有成本。碳金融的分业监管可能导致监管机构间的竞争和纠纷。碳项目以及碳配额可能会涉及多于两个国家，亦或是多个金融机构的多种碳金融产品。此时，则会存在一个潜在问题，即存在不同监管机构由于不同监管目标面临相同客体时产生冲突。如果这个问题能在一个机构内部解决，只是机构内分管部门之间协调，必将在很大程度上降低金融监管的成本。

规模经济是设计监管模式的关键因素，如果有一种规模经济存在，对其监管的机构数量越少，监管的成本相对就越低。碳金融属于新兴经济模式，采用综合监管模式能够凭借资源共享、信息技术支持和服务等方面的优势，提高监管效率。在综合监管模式下的机构中，比在分业监管模式下的机构中更容易优化对员工工作部署。由此可见，建立一个独立的碳金融监管机构对金融机构的碳金融业务进行统一的监管更有利于碳金融的健康发展。若想实现金融行业联动监管的效果，则可以采取综合监管，提高监管效率。面临刚刚起步的碳金融市场，其具有规模较小的特点，综合监管凭借其规模经济性为碳金融的监管提供更好的监管质量。

2. 碳金融综合监管模式的选择

金融监管依据金融部门监管框架分为宏观审慎监管、微观审慎监管、商业行为（消费者保护）监管和竞争政策这四个方面。每一方面都对应相应的市场失灵类型，分别为系统性不稳定、信息不对称、市场不端行为和反竞争行为。就大多数国家而言，普遍的竞争问题会通过单独机构的规范经济行为来解决，中央银行只进行宏观调控及监管相关学者着重向人们阐述了审慎监管和商业行为监管，并将其与之前学者的研究相结合，把综合监管模式分为三大类：完全部门整合、部分部门整合和分业监管。

第一，完全部门整合。该模式就是确定某一特定监管机构对经济体中主要类型的金融机构和金融市场进行监管。完全部门整合模式有三种子模式：全部门和全功能综合模式。监管机构既对金融系统中次级部门进行全面监管，也会对商业行为进行审慎监管，这一模式的代表为英国金融监管局（FSA）。双峰模式。设立两个监管机构对所有金融系统进行监管，各司其能，一个负责审慎监管，一个负责市场监管、消费者保护和公司治理。这一模式的代表是澳大利亚审慎监管局和澳洲证券及投资监察委员会。全部门和部分功能整合模式。设立一个综合监管机构，主要特征体现为中央银行部分职能和监管机构共享。这一模式的代表是德国中央银行与德国金融监管局。

第二，部分部门整合。这一模式下的监管机构负责监管三个主要部门中的两个。该模式有三种子模式：监管保险公司和银行，如厄瓜多尔和、马来西亚和加拿大。监管证券市场和银行，如瑞士、墨西哥、卢森堡和芬兰。监管保险公司和证券市场，如智利、牙买加和保加利亚。

第三，分业监管。这一模式是通过分业设立的不同类型的监管机构对银行、保险、证券分别进行监管。截至目前，分业模式一直是国际上主流的金融监管模式，其中美国、俄罗斯、巴西和中国等国家均采用此种模式。好的监管模式，依据国际货币基金组织（2004）的评价方法，应该同时具备以下四方面特征：第一方面，监管实践，即监督、监管、强制执行、联合和批准；第二方面，可调整的管理，包括目标的监管、问责制及独立性；第三方面，金融诚信（安全网），包括惩戒经济犯罪和消费者保护。第四方面，审慎的监管框架，如资金充裕性、内部管理和公司治理、风险管理。以国际货币基金组织（2004）的评价方法为标准相关学用实证分析证明双峰监管模式优于其他监管模式。他们认为双峰监管模式具有更加审慎的监管框架和更加有效的监管实践。

如前所述，在双峰模式下个监管机构对所有金融系统进行监管，一个负责审慎监管，一个负责市场监管、消费者保护和公司治理。两个部门配合央行和单独机构处理系统不稳定问题和反竞争行为，分工明确地分别对信息不对称和市场不端行为的市场失灵问题进行专门的监管，从而实现全方位监管，健全了金融监管框架。对商业行为监管的加强也使得双峰模式优于其他监管模式。

具体看来，这种模式的优点主要体现在以下六个方面：第一，两个监管机构各自监管分工及目标明确，监管责任界定准确；第二，问责时可以明晰划分责任；第三，两个监管机构并驾齐驱，相互制约，不存在某个机构对其他机构的指手画脚；第四，如果两个监管领域发生矛盾，更容易在机构外解决；第五，监管权力不会过度集中于某一方；第六，信用风险产生的可能性更低。因而，就中国情况而言，如果可以在当前分业监管的基础上采用双峰模式，则有利于提高碳金融的监管效率及效果，并且可以有效缓解与其他分业监管模式之间的冲突。

（四）强化中国碳金融监管的政策建议

低碳金融是一个新事物，对金融监管提出了科学化、精细化的新要求。金融监管机构应扩大视野，更新理念，转换方式，探索监管新思路。所以，有必要在科学发展观的指导下，构建中国金融监管新格局，以保障中国金融业的健康持续稳定发展。有必要成立综合联动监管机构，建立金融监管新体系。构建金融监管新体系的目标就是将所有的金融监管机构统一纳入一个监管部门（由外部机构来组织实施，并独立于政府其他机构），构建联动的、统一的监管模式，协调金融监管与外部有关方面的关系，缓解市场失灵、维护市场秩序、保护投资者权益、促进市场竞争及实现金融资源优化配置。当前，重点在于协调"一行三会"的工作，降低监管成本。文章建议从如下三个方面着手，推动中国碳金融监管机制的变革。

首先，应提高对碳金融监管机制建立的重视。由于碳金融是新兴经济模式，许多金融机构对它盈利区域、经营方案、风险控制、实施途径以及方案研究审批等流程的认识存在不足。加之碳金融业务相关机构和人才的缺失及新兴的业务风险，业界并没有介入其中，致使碳金融业务发展模式目前很简单。为提高国际话语权，中国必须加强对碳金融监管的重视，从各个方面着手及早制定规范及标准，在碳金融领域抢占先机。

其次，应建立一个独立的碳金融监管部门。与分业监管相比，独立的碳金融监管部门具有成本优势。但就中国目前的情况而言，由于碳金融业务尚处于初级阶段，规模较小、业务形式较为单一，中国尚缺少建立一个独立的碳金融监管部门的必要的制度支撑。

最后，应加快制度建设。一个国家的制度是由历史、文化经济等各方面原因共同决定的，难以实现跳跃式的发展，只能够循序渐进。因此，中国应从以下四个方面加快制度建设：其一，明确政府在碳金融发展中的职能，为碳金融的发展提供一个良好的环境，同时避免对碳金融市场的过多干预，充分发挥市场的作用，调动市场参与者的积极性；其二，确保碳金融监管的有效性，保证碳金融监管机构能够避免地面临审慎监管；其三，完善法律规范，规范碳金融发展，国家有关部委应加快工作进度，建立并规范碳金融监管机制的可操作流程和法律条文，确保中国碳金融业务的良性开展；其四，实施有效的及时的信息披露，政府应建立统一的碳交易信息沟通机制和严格的监督和披露机制，为碳金融的发展创造良好的市场环境。具体操作措施如下：

1. 加强碳金融监管的法治环境建设

监管部门应充分发挥在支持低碳经济建设中的作用，致力于金融支持的政策法律体系和监管框架建设，改善金融长效发展机制与金融支持政策，营造良好的金融生态环境。第一，实施碳排放权交易制度的政府监管。碳交易效率和效果的实现需要政府对碳交易市场机制运行的有效监管作保障。这一点已被发达国家的碳金融实践所证实，美国和欧盟都是在健全的公共决策程序和司法审查的基础上，通过灵活、透明的政府监管实现碳配额总量控制的有效性和长期性。因此，中国的政府监管机构应首先针对碳金融发展的特点改进制度设计，建立良好的制度环境，在此基础上，定期对碳市场的交易情况进行总结和分析，不断摸索和改进监管手段和方法，使得排放权交易制度更符合企业与环境的实际。

第二，维护银行类碳金融产品及其业务的法律制度环境。监管部门应要求金融机构在提供相关碳金融相关服务时注意以下几点。首先，监管部门应确保金融机构在从事碳金融活动时遵守国内和国际的相关法律要求。如2008年中国环保总局与世界银行国际金融公司在2008年合作制定的"绿色信贷环保指南"，联合国气候署的《金融机构关于环境和可持续发展的声明》及赤道原则等可持续发展原则。而且，监管机构也需同环保机构联合构筑碳金融项目的实际运行指引条目、气候风险分级指标、公司气候守法现状监管等，完善法律法规氛围，令金融机构在进行项目时更可以依法进行。另外，监管机构需提高对碳金融组织采取实际常规标准与碳金融先进理念和经验等方面的宣传、培训与引导，实施必要的监督和指导，提高金融机构的可持续建设能力。

第三，规范碳基金、碳保险的法律制度。碳基金的法律制度包括管理制度、基金融资方式、聘雇制度、分配制度和监督制度等。要规范这些原有制度，并创造新的机制。碳保险的法律制度在保险方式、保险责任的适用范围、赔偿范围、保险费率、碳保险的责任免除索赔时效和保险机构设置方面都应有特别规定。碳保险监管的法律保障是一件任重而道远的事情，关于碳保险监管的法律保障在执行中具有一定的难点，需要不断研究和探索。

第四，制定碳金融中介机构的行为规范。要实现碳金融的良性发展，不仅要扶持碳信用评级、金融担保、咨询公司、资产评估、法律服务等一系列服务于碳金融的中介机构，更要建立规章制度，规范这些中介的职业操守，努力增强全行业服务的专业水平和服务质量。

2. 改进市场准入制度，促进企业节能减排

第一，放宽金融机构的市场准入范围。监管部门应放宽市场准入，放松金融机构业务限制。通过制定有利于商业银行业务创新的政策，吸引更多的国内外金融机构投资于低碳经济。放宽农村地区银行业金融机构市场准入政策，鼓励各类资本到农村投资创业，大力发展民营银行、村镇银行、贷款公司和农村资金互助社，把民营经济引入到农村信用社的改革当中，允许更多的企业发行企业债券，解决低碳经济建设资金不足的问题。

第二，改进金融机构市场准入条件。采取差别化监管，对积极落实、收效良好的节能减排机构予以业务和市场准入等正向激励政策，反之则采取限制性措施，将金融机构是否开展低碳金融服务，是否进行可持续发展风险管理等情况纳入市场准入、日常监管和监管评级工作当中考虑，积极助推金融机构的可持续发展和业务创新。同时，还要注意监管部门自身的节能降耗。

第三，利用市场准入制度促进上市企业节能减排。利用市场准入制度促进

上市企业节能减排并发展碳交易。将能源消耗和碳排放量作为衡量公司上市的一项强制性指标，对上市公司进行碳排放上的约束，使得公司节能减排；同时激励各板块上市公司可以主动减少碳排放，发展低碳经济；允许符合发债条件的节能减排企业优先发行企业债券、中期票据和短期融资券等，使节能减排获得债券市场的资金支持。

3. 健全信息披露机制，加强碳信息数据库建设

目前，中国绿色证券信息披露机制不完善，存在信息披露内容不规范、不全面，信息披露缺乏统一标准，信息披露形式较为单一，披露信息内容陈旧、连续性不强及缺少对公开披露的环境信息的鉴证等问题。由于当今气候千变万化，因此存在一定风险，因此投资者在衡量企业面临的风险以及发展潜力时，不仅要考察企业的核心财务指标，更会重点分析企业碳排放的相关信息。2000年在英国伦敦,成立了全球最大的机构投资者合作团体 CDP(碳信息披露项目)，该项目的主要作用是帮助引导市场发现投资风险和商业收益。CDP 作为一家独立的非营利机构，拥有当前世界上最大的企业气候变化信息数据库，是通过收集来自 60 多个国家约 2500 家公司的核心气候变化数据建立起来的。这些数据可以有效为机构投资者、公司决策者以及政府部门等制订减排计划提供参考依据。自从 2008 年，CDP 就委托商道纵横对中国公司实施专门调查，然而因为中国企业对于碳排放信息的意识薄弱，缺少足够的碳信息，很难将中国碳排放量化。因此中国相比于其他国家回复率最低。

文章认为，在低碳经济快速发展的大环境下，碳信息披露必将成为中国企业的考量指标，因此，健全信息披露机制，加强碳信息数据库的建设，是中国发展碳金融市场的大势所趋。第一，提升企业进行碳信息披露的意识。应在政府的积极推动下，使中国企业对于气候变化和节能减排有更深刻的认识，不再将碳信息披露视为简单的政策压力，而是将其有效地融入自身运营和发展中，并从节能减排中获取经济效益。

第二，增强企业碳排放数据的量化核算能力。衡量企业温室气体管理水平高低的重要指标就是量化衡算，但对中国企业而言，碳排放的量化核算问题已成为其低碳之路的重要障碍。多数企业无法提供排放历史、数据外部验证和数据准确性的说明，只能在战略和管理方面泛泛而谈，却不能制订出具体的节能减排计划并设定减排目标。因此政府应帮助企业提高量化核算能力，并促使企业在对温室气体的量化核算的过程中提高自身的管理水平。

第三，处理好碳信息披露的公开性。由于中国目前并不承担碳减排义务，碳信息披露涉及国家安全问题，如果信息全部公开，很有可能成为国际气候谈判授人以柄的工具。因此，在政府出台相关政策下，推进各类碳信息数据库的

构建，并不断完善。并且在中国承担强制节能减排义务之前，将数据库分为可公开和不可公开两部分，将可公开部分与国际碳金融数据共享，要求信息标准化采集和及时性披露，并保证数据的真实性，保证机构投资者既能及时得到足够的、准确的、真实地反映碳交易市场及金融产品变化发展的情况，还能利用数据库随时提高信息质量，使其真实性增加。

第四，完善信息通信设施。众多国际重要碳金融信息的收集和处理对信息通信基础设施提出了较高要求，如先进的计算机处理和远程通信技术、同轴电缆、光缆、交换机系统、传输装置、卫星天线等，因此，进一步完善信息通信设施，可以提高信息采集和处理效率，提高信息服务水平。

4. 构建碳金融的风险防范机制

随着碳金融市场的不断发展，金融风险也会不断积聚。因此，要关注碳金融风险防范机制的建设。第一，金融监管部门应该形成完善的碳金融监管协调机制，按照相关政策规定完善监管体系，实现监管功能，提高监管效率，尤其是不同行业、不同市场的监管协调统一。例如，可以在现有的金融监管部门下设专门的碳金融监管部门的基础上，成立绿色金融行业协会进行自律管理。

第二，完善碳金融稳定协调机制，建立处理碳金融突发事件时的紧急预案以及应对机制，建立碳金融风险预警系统以及评估方式，出台相关政策允许相关金融机构对业务风险进行预测、评估，主动性防范风险带来的损失，增强风险防范意识，使得碳金融能够安全稳定发展。除此之外，大力开发碳金融风险的管理衍生金融工具，向社会普及应用，为碳金融行业提供必要的帮助，指导行业合理发展，维护碳金融信息安全。

第七章　碳金融体系运行的经济效应

一、碳金融对产业结构调整的影响机理

伴随人类科技、经济快速发展，全球环境问题日益凸显，持续的掠夺、破坏已将地球逼入绝境，同时也将人类自身引向深渊。1990 年联合国政府间气候变化委员会（Intergovernmental Panel on Climate Change，IPCC）发表第一份评估报告，明确指出全球环境已经变暖并将持续变暖。郑重地将环境问题引入人们视角，并为全球环境问题敲下响亮警钟。随后于 1992 年在巴西里约热内卢举办的联合国环境与发展大会上（地球首脑会议）通过了《联合国气候变化框架公约》（United Nations Framework Convention on Climate Change，UNFCCC），是全球首个应对气候变暖、控制温室气体污染排放的国际公约，为国际社会处理全球气候变化问题提供了基本框架，强调所有国家均负有保护和改善全球环境的义务，但源于发达国家较早完成工业化进程与财富积累，在承担责任方面采取区别对待，即发展中国家应对气候问题优先程度可低于经济建设、社会发展、消除贫困等目标，为日后气候谈判埋下了重要伏笔。1997年在日本京都召开的 UNFCCC 第三次缔约国大会上，149 个国家和地区代表共同通过了著名的《京都议定书》，针对 UNFCCC 中缺乏温室气体减排量化指标进行了填补，指出截至 2010 年所有发达国家应减少以二氧化碳为主的 6 种温室气体排放量 5.2%，具体来讲各发达国家自 2008 至 2012 年减排目标为：相比 1990 年欧盟减排 8%、美国减排 7%、日本和加拿大减排 6%、东欧各国减排 5%-8%，而新西兰、俄罗斯、乌克兰等可维持在 1990 年排放水平，爱尔兰、澳大利亚、挪威等则可分别扩增 10%、8% 和 1%，对于发展中国家未做强制性规定。此外《京都议定书》还设定了三个减排机制，为日后协助相关国家完成减排任务作出了重要贡献，包括联合履约机制（Joint Implementation，JI），即允许发达国家及其企业间共享排放量单位，联合执行减排任务，清洁发展机制（Clean Development Mechanism，CDM），即允许发达国家和发展中国家间进行项目级的减排量抵销额的转让与获得，排放贸易机制（Emission Trade，ET），即允许发达国家间进行减排单位的转让与获得。《京都议定书》的设立是人类为了自身长期发展作出的"理性"判断，实为功在当代利在春秋，然而由于对各国（尤其是发达国家）利益的直接侵害，其实施遭遇了巨大阻力，尤以主要

缔约国美国2001年3月宣布退出影响最为严重，极大拖慢了实施步伐，直至2005年2月，伴随俄罗斯等国的加入，《京都议定书》终于满足55国和55%排量（占全球温室气体排放量55%以上的至少55个国家）两个条件成为具备法律约束力的国际公约。当时欧盟轮值主席国卢森堡环境大臣评价指出这是人类历史上首次以法规的形式限制温室气体排放，是人类在与气候变暖进行斗争中迈出的第一步，但也仅仅是第一步。既肯定了《京都议定书》对于人类环境保护治理工作的突出贡献，同时也强调了人类环境保护治理工作任重而道远，非一朝一夕、一举一行之功就可完成。同年，得益于95个国家1300余名研究者历时近5年的科考调查，联合国面向全球发布了《千年生态系统评估报告》，指出人类赖以生存的生态系统有60%正处于不断退化状态，地球上更是有近2/3的自然资源已经消耗殆尽，全球生态环境恶化不仅危及人类经济发展，对于人类生存也造成严重威胁。联合国政府间气候变化委员会（IPCC）在2007年评估报告中则指出现今全球平均气温和海温显著升高、大量积雪和冰川相继融化、全球平均海平面不断上升，全球气候系统变暖是显而易见的、毋庸置疑的。联合国环境规划署（UNEP）通过记录1970-2008年全球生物和地理变化，研究指出世界各地气候变暖已经引发包括大陆冰川缩小、冻土融化、江海湖泊变暖等问题，陆地生物系统也已受到严重影响，全球环境稳定面临巨大危机。一记警钟接连敲响，发人深省。

而作为全球最大的发展中国家，虽然改革开放30余年来中国整体经济迅速发展、生产能力不断提高，但产业结构不合理问题也逐渐暴露，能源消耗、环境破坏十分严重，经济可持续发展、全国生态资源保护令人担忧。至2008年，中国二氧化碳总排放量甚至跃居全球首位。立足于长期可持续发展中国经济发展模式必须有所转变，传统的能源依赖型、高污高排型发展模式应当尽快摒弃，构建"一高三低（高效率、低能耗、低污染、低排放）"的合理化经济发展模式。

但环境治理非一国之事，也非一国所能完成，近年来全球针对环境保护的报告数不胜数，包括2007年12月制定"巴厘岛路线图"，作为"后京都"时代产物，提出UNFCCC中所有发达国家缔约方都要履行可测量、可报告、可核实的温室气体减排责任，再次将美国纳入履约国范畴，还提出截至2020年温室气体排放相对于1990年应削减25%-40%，并特别强调了实施过程中适应气候变化问题、技术开发和转让问题以及资金问题，为顺利达成减排目标提供了有效路径；2009年12月制定"哥本哈根协议"，提出将全球平均温升控制在工业革命以前2°C以内的长期目标，鼓励发达国家通过哥本哈根绿色气候基金向发展中国家提供资助，同时设立技术转让机制，进而加快节能减排技术研发及国际间交流；2010年12月制定"坎昆协议"，工业化国家减排目标及发展中国家减排方案在多边机制下均正式被承认，同时确定由世行接管绿色气候基金，并就保护雨林和共享清洁能源等议题达成协议。每年的环境大会及众多协议的达成都在为全球环境保护治理而努力，环境问题已是迫在眉睫，如何协调经济发展与环境治理实乃当务之急。

低碳经济（Low-carbon economy）率先由英国政府在2003年能源白皮书中提出，为世界范围内环境保护提供了思路，为未来世界经济发展提供了方向，被人们广泛认定为继两次工业革命、信息改革、生物技术改革之后第五波改变世界经济的浪潮。其倡导以节能环保为技术先导，充分提高人们对于现有资源利用效率，改变各项产业运行模式，最终形成新型经济制度。碳金融作为其重要依仗，为其顺利实现提供了有效路径，它作为为解决气候变化所形成的金融体系，以低碳项目投资、碳排放量国际贸易、碳排放权期货期权、碳基金、碳信用、风险投资、对冲基金、巨灾债券、天气风险管理以及在各国广为发展的CDM项目信贷融资等方式，伴随国际社会环境保护协作而产生形成并发挥作用，旨在改变世界经济结构，形成长期高效可持续发展的低碳经济模式。文章将就碳金融对产业结构调整影响机理进行规范分析和实证检验，并就完善碳金融功能提供政策建议。

碳金融作为低碳经济的核心内容与重要手段通过优化产业结构、促进科技创新、构建互助协作等方法在全球范围内控制碳污染排放、提高生产效率、提升资源利用率，维护全球环境清洁、抑制全球气候变暖。其具体影响路径主要体现在以下三方面：

第一，对总体产业结构产生影响。

碳金融在相关协议、公约支持下、在金融工具辅助下对世界各国碳排放配额予以限制，使得各国自主出台环保产业扶持政策、加大低碳科技研发投入、加速产业结构优化调整，尽快由传统"低效率、高能耗、高污染、高排放"的粗放型经济向"高效率、低能耗、低污染、低排放"的集约型经济转换，因此各国碳排放配额同实际排放额之比（碳比值）应正向影响产业结构调整水平，即一国碳比值越大该国产业结构调整越明显，反之一国碳比值越小该国产业结构调整越微弱，同时鉴于一国生产政策调整往往参考前一年数据，故碳比值对于总体产业结构调整影响理论上存在滞后效应。

第二，对三次产业结构比例产生影响。源于三次产业自身特点，碳排放量存在显著差异。碳排放量最多的是第二产业，整个工业运行过程中对于能源（尤其是化石能源）依赖度极高，从原材料的开采、加工到产出均会直接或间接制造大量以二氧化碳为主的温室气体，其中以化工、建材、钢铁、有色金属等重工业和电力、热力生产制造业最为严重。

其次是第一产业，农业碳排放主要源于生产过程中农药、化肥的大量使用，IPCC 第四次评估报告中指出农业是温室气体第二大来源，占全球人为排放的13.5%，联合国和世界银行共同呼吁世界需要一个从高度依赖农药化肥等化学品、对环境造成巨大破坏的农业模式转化为对环境友好、能保护生物多样性和农民生计的生态农业模式。碳排放量最低的是第三产业，服务业主要包括信息、金融、保险等公共服务以及高科技行业等，其产值较高，但能源消耗有限，属于名副其实的低碳产业。通过以上分析，在保证一国经济发展的前提下若要减少温室气体排放，控制第二产业的同时大力发展第三产业无疑是最好的选择，因此在碳排放额受限情况下第三产业一定会对第二产业产生替代效应。

第三，对三次产业发展产生影响。三次产业（尤其是第一、第二产业）在发展过程中都存在着各自短板，对于能源的消耗、环境的污染较为严重，但伴随科技水平的进步、生产理念的转变，其中部分浪费与破坏是可以避免或消减的，碳金融恰好为各个产业技术研发、生产转型提供了良好资金支持，如加大森林植被、减少矿产开采、增强废弃材料回收利用、扩大核能、风能、水能、太阳能等环保能源利用、促进环保材料研发使用等等，从而从各产业内部有效减少单位产值温室气体排放量。

二、低碳经济发展模式下经济主体行为目标的选择

经济主体是指在市场经济活动中能够自主设计行为目标、自由选择行为方式、独立负责行为后果并获得经济利益的能动的经济有机体。从宏观角度看，可以将经济主体分为三大类：政府、企业和个人。文章讨论的经济主体主要指企业。生态问题是人类自身的行为所造成的，所以必须要改变人类对自然的态度。企业作为主要经济主体，其行为首先要加以改变。因此，在低碳经济的可持续发展框架下，应重塑经济主体的行为目标，做到观念和行动同步，全员协调一致才能达到预期目的。经济主体行为目标是经济主体行为研究的起点和导向，它决定着经济主体的行为模式，对整个经济活动具有根本性的影响。

（一）传统经济发展模式下经济主体行为目标的多元化与局限性

1. 经济主体传统行为目标的多元化

长期以来，理论界有关企业行为目标的争议不断，主要的观点有产值最大化、利润最大化、股东财富最大化、企业价值最大化、相关利益者价值最大化等。这些纷争以及企业实际采用的行为目标的差异化等事实，说明两个方面的问题：一是行为目标在本质上具有一定的主观性，总是存在一定的价值评级；二是企业选择行为目标具有环境适应的导向性，即不同类型的企业会基于不同

的内部和外部经济环境，选择不同的行为目标，从而使行为目标的适用性有很大的不同。比如，在计划经济体制下，企业的一切经济活动围绕国家利益开展，企业没有独立自主权，国家以产值来考核企业业绩，因此其行为目标自然就是产值最大化；在计划经济向市场经济的转型过程中，因为利润不仅可以直接反映企业创造剩余产品的多少，而且也从一定程度上反映出企业经济效益的高低和对社会贡献的大小，因此，企业自然以追逐利润最大化作为行为目标；随着市场经济的发展，当资本市场出现以后，企业又将"股东财富最大化"确定为其行为目标。但该目标不适合中国资本市场不发达及中国企业组织形式主流为非上市公司的现状；随资本市场的进一步发展，更多的学者倾向于将"企业价值最大化"界定为经济主体的行为目标，但"企业价值最大化"仍然是一个十分抽象且很难具体确定的目标。就非上市企业而言，企业价值只能靠理论上的公式来进行计量，很难做到客观和准确。从上市公司来看，企业价值虽然可通过股票价格的变动来显示，但由于股票价格的变动是受诸多因素影响的"综合结果"。因此股票价格的高低实际上不可能反映上市公司价值的大小；20 世纪末至今，基于利益相关者理论的提出，"利益相关者价值最大化"又成为当前经济主体的主要行为目标。利益相关者理论认为，企业是要素所有者之间一组契约的联结，而且这组契约是非完全契约。各经济利益主体在追求自身经济利益的过程中要受到其他经济利益主体的制约，不能无限度地任意扩展而侵犯其他经济利益主体的利益，否则契约所约定的条款就会遭到破坏。该理论还认为，职工、经营者、供应商和用户等其他利益相关者与股东一样，都对企业进行了专用性资产投资，都承担了风险，所不同的只是股东投入的是物质资本，而职工和经营者投入的是人力资本。因此，从这一角度来说，公司治理既必须实现委托人利益的最大化，又必须实现社会正义；既要鼓励经营者为最大化盈利而大胆冒险，又必须要求经营者的忠诚和注意照顾公司利益相关者的利益。这一理论思想顺应了社会发展的潮流，反映了现代市场经济的内在要求。但也有学者提出，利益相关者是一个利益松散但意识又极易抱团的团体，一旦获得某种利益驱动，其对于企业发展的影响可能是致命的。利益相关者所谓的来自企业的利益或然性是极强的，甚至会带有一定的投机性。这些利益相关者的行为一旦造成企业的极度困境甚至倒闭，则会转向别的目标。

2. 经济主体传统行为目标的局限性

对于以上经济主体行为目标演进的考察，我们发现，无论是"产值最大化""利润最大化"还是"企业价值最大化"抑或"利益相关者价值最大化"均是以价值做评级，且它们最终都以"最大化"为努力方向。"最大化"的目标是一种极端化的要求，带有浓厚的单边治理色彩。在低碳经济框架下，经济主体往往处于多边治理的情况，若仍以"最大化"作为行为目标，将与低碳经济发展模式及其微观主体的目标确定存在较大冲突。其一，以价值最大化作为经济主体行为目标，势必会使企业经济行为决策带有短期倾向，这也必将影响企业的长远发展与可持续发展；其二，"最大化"因缺少了边界而显得模糊和不清晰，所以从某种程度上而言，最大化是无止境的、也是不现实的，不利于对低碳经济中经济主体的行为给出具体可操作性的指导；其三，作为经济主体的经营者受到外界或自身的约束，也缺乏实现价值最大化的激励；其四，产权残缺使经济主体利益相关者追求自身利益时受到限制，最终不能实现相关者价值最大化。鉴于传统经济模式下经济主体行为目标选择中存在的诸多问题，在向低碳经济发展模式转型过程中，有必要对其行为目标进行重塑。

（二）低碳经济主体的行为目标应重塑为价值的可持续增长

在低碳经济背景下，经济主体的行为目标既应与宏观经济目标协调一致，还应体现利益相关者利益的长期价值导向。即经济主体行为目标的选择应既是自利的，又是利他的。基于此，文章认为企业这一经济主体的行为目标应界定为：价值的可持续增长。

1. 价值可持续增长的理论依据

首先，企业价值的可持续增长目标与行为经济学的经济主体双重动机论相契合。《国富论》和《道德情操论》分别探讨人类本性的两个基本方面—自利与利他，并以此为依托构建一个能够解释人类诸行为的统一理论。然而，后世的经济学家却逐渐丢弃了《道德情操论》的理论内涵，致使经济学家只从自利动机的角度来构建其理论，描述真实世界的运作过程，其所带来的问题是显而易见的：片面的立场只能对社会生活的某一侧面进行解释和预测，无法做到对现实世界的完整理解，这种片面的立场使得传统经典的西方主流经济学的适用范围和解释力大受局限。传统经济主体行为目标的界定，也恰恰反映了新古典经济学的自利假说。

行为经济学认为，新古典经济学建立在显示偏好的假定基础之上，亦即个体具有单一的自利动机，而显示偏好是这种动机的外在表现，因此我们只需观察个体显示出的选择行为，无须对行为背后的内生动机和心理过程做考虑。但实际情形是，选择行为有可能是由不同的行为动机所导致的，而个体的行为动机往往又是多元的，因此显示偏好无法完全反映个体行为的本质。自利与利他作为人类本性的两个基本方面，应当共同作为研究经济问题的逻辑起点，因为行为个体的本性是自利动机与利他动机的一种组合形式，无论是纯粹的自利还是纯粹的利他均是该组合形式中的极端特例。

　　行为经济学重设了经济主体具有自利与利他的双重行为动机，它预设每个个体都是兼具自利与利他动机的混合体或矛盾体，亦即认为自利与利他均属于"实然"（what is）问题，而不是像传统理论那样将利他视为"应然"（what should be）问题。

　　其次，"赤道原则"的基本精神也体现了低碳经济时代对经济主体行为目标的重塑要求。2003年6月，花旗银行（Citigroup）、巴克莱银行（Barclays）、荷兰银行（ABNAMRO）和西德意志州立银行等10家国际领先银行宣布实行赤道原则（Equator Principles，简称EP），即参照国际金融公司（IFC）的可持续发展政策与指南制定的、旨在管理与发展项目融资有关的社会和环境问题的一套自愿性原则。"赤道原则"要求金融机构在项目融资中审慎考虑环境和社会风险，强调环境、社会与企业发展和谐统一，推动商业银行公司治理目标从早期的"股东利益最大化"向"充分考虑多元利益主体诉求"的可持续发展方向转变。

　　"赤道原则"虽然仅局限于商业银行领域主体行为目标的重塑，但它体现的可持续发展的基本精神对整个低碳经济中的经济主体行为目标具有辐射和传递作用。充分反映了低碳经济对其经济主体行为目标重塑的基本诉求和主导方向。

　　2. 低碳经济主体行为目标中几种关系的讨论

　　把可持续发展理念引入经济主体的行为目标，其实质就是要求经济主体树立环境保护和节约资源的思想，兼顾与其相关的各利益相关者的远期利益，以追求企业长效发展和企业总价值的不断增值。在自利与利他的双重动机下，真正做到自身良性、自我增强的循环，乃至最终形成整个经济社会的良性循环，真正实现全社会价值最大化。在传统行为目标下，经济主体的唯一目的就是实现自身经济效益的最大化，所考虑的成本也只是经济活动中所发生的经济成本。正是这种传统的、以短期经济效益为唯一目的的成本观和效益观导致了资源环境问题。而在价值可持续增长的目标下，企业成本和效益的范畴则是与企业经济活动有关的社会总成本和社会总效益。因此，在低碳经济背景下，可持续发展、价值增长和利益相关者价值最大化三者相辅相成。

　　首先，可持续发展是经济主体价值能够实现长效增长的前提。从长期来看，只有坚持可持续发展才能实现价值的长效增长。哈特和米尔斯泰因提出的"可持续发展价值框架"显示了可持续理念与企业价值之间的联系，这一框架模型是分析低碳经济下经济主体价值增长脉络的一个有用工具，它为经济主体提供了一种方法，让其看到通过将可持续发展作为核心目标，而不只是附加目标，开展价值创造的长久效益。

其次，价值可持续增长目标是利益相关者价值导向的升华体现。《无形资产和价值创造》（Intangible Assets and Value Creation）一书的作者在其书中写道："在上世纪 80 年代初，有 40% 的企业其市场价值超出其账面价值；到 90 年代末，这一比例增至 80%。这意味着只有 20% 的企业价值是用财会系统反映的。"因此，企业价值的很大一部分，是基于品牌和声誉，然而，影响品牌和声誉的，是一个正在快速成长的外部利益相关者群体，一个从非政府组织到消费者，再到各级政府的群体，既有表达能力，也有势力。在这些群体关注低碳发展、关注环境和气候问题的条件下，其结果是，品牌正急着去拥抱可持续环境发展的各种概念和努力，数量前所未有。这告诉我们，当经济主体认识到现实世界中新的力量时，就能自发地从相关者利益出发，为所有利益相关者创造长期、可持续的价值，而低碳经济时代恰恰存在这样的新力量。另一方面，也只有当所有的利益相关者的利益得到保证并不断增长时，经济主体的经济活动才是公平的和有效率的，才能达到"广义的帕累托最优"。正如相关学者指出："如果股东、顾客和员工的需要没有得到均衡的满足，价值创造也就无法持续。"因此，价值的可持续增长目标正体现了利益相关者价值的导向。

（三）碳金融的实施为经济主体选择新的行为目标提供可能

当前，气候变化和生态问题使人们越来越认识到自然环境和自然资源的重要性。但在碳金融发展并实施以前，由于没有商品化的碳，没有相应的碳交易市场、碳排放权的交易等一系列碳金融活动，加之自然资源定价困难，污染程度补偿量度难以确定，经济主体的外溢成本问题一直没有得到很好地解决，其选择价值可持续增长的内生动力不足。在这个问题上市场失灵，只能由政府干预提出可持续发展，故经济主体行为目标选择改变的自发意向不明显，也因此造成了当前全球关注的生态问题。而目前随着碳金融理论和实践的不断探索和丰富，经济主体的外溢成本可以通过碳金融具体政策、手段的实施得以量化和内部化，在这一背景下，对于经济主体自发选择价值的可持续增长这一新的科学的行为目标将起到促进和推动作用，其具体的影响机理还有待进一步深入研究。

第八章　碳金融实施的配套政策

现代市场经济实践表明，市场机制能够在各经济主体之间有效地配置生产要素，从而实现帕累托最优。但由于"市场失灵"的存在，在某些条件下（如涉及代际公平时）市场机制根本无法发挥作用。市场调节通过多个参与人共同决策达到最终调节结果而实现的均衡具有滞后性，从而导致经济循环性的震荡及总量上的不协调。近年来的高能耗、高污染带来的碳排放的增加，进而导致的气候恶化就存在着"市场失灵"的问题。破坏环境而不分担成本，这是一种典型的负外部性行为。市场机制无法补偿和纠正经济外在效应。低碳经济就具有公共产品的特征。因此，仅靠市场化机制难以实现公共品的供给，也难以提高投资者发展低碳经济的意愿。

针对"市场失灵"的表现和"市场失灵"带来的问题，政府有必要采取相应的措施，利用"有形的手"来影响市场，使资源配置渐次达到最合理的状态。就像 1970 年获诺贝尔经济学奖得主，一位著名经济学家所讲："当今没有什么东西可以取代市场来组织一个复杂的大型经济。问题是，市场既无心脏，也无头脑；它没有良心，也不会思考，没有什么顾忌。所以，要通过政府制定政策，纠正某些由市场带来的经济缺陷"。

"碳金融"为一项规模化的项目，其带有方针性强，参与度深与涉及面广等性质，要求政府与有关机构参照可持续发展原则给予对应的碳财政政策、行业方针等综合政策体系进行相应辅助。政府在发布同气候相关的规章制度时需分析节能效果，打破传统金融理念的束缚，用有效的激励措施倡导私人、公司与金融组织增强低碳理念，提高环保信息的公众透明度，积极参与碳金融活动。目前，政府对碳金融的配套政策，主要体现在政府为推动低碳经济发展而制定的各种激励性的财政政策和产业政策。

一、碳财政政策

低碳经济发展的各个阶段都离不开财政政策的强力支持。行政手段是中国目前推动节能减排的主要政策，而缺乏对市场机制的有效利用。然而，要想推动低碳经济的发展，不但需要政府"看得见的手"来制定国家整体低碳经济的发展战略，合理实施财政政策以刺激低碳经济的发展，而且还需要政府利用市场这只"看不见的手"的作用，通过建立市场机制来引导企业加入低碳发展，并最终构建与低碳经济发展相适应的各项制度。

（一）碳财政已取得的成效及存在的问题

近些年来，为支持新能源和节能减排，财政部会同相关部门出台了多项财政政策和措施，主要包括财政补贴及奖励、财政补助专项资金、政府采购、税收优惠等，这些政策的出台对低碳经济的发展起到一定促进作用，略有成效。从整体上来看，虽然中国已经开始运用财政措施来刺激低碳经济的发展，然而，由于受到很多因素的制约，中国还尚未建立发展低碳经济的财政政策体系。在推动节能减排的过程中，财政政策仅作为其他政策的辅助，且多以行政手段为主，中国现行碳财政政策主要存在以下几个方面的问题。

1. 财政投入力度尚待加强

中国目前的主流生产和生活能力的能源技术和装备水平较低，很多技术与发达国家相比都处于落后水平，在能源利用的效率上与国际水平相差 10-20 年。在这种情况下，中国目前却仍对节能研究的投入不够。2007 年的科技研发支出额占 GDP 的比重仅为 1.49%，远落后于同期发达国家的水平（美国 2.62%，日本 3.39%，德国 2.53%）。其中，在节能、能源、环保等领域上的研发投入也甚少，并且还处于相对不稳定的状态，专项发展基金更是尚未构筑，相关产业投入主要分散在一些企业技术改造和高新技术发展创新项目中。

2. 财政政策通过市场化机制的激励和引导不足

从中国现状看，碳市场发育发展不充分，使得财政政策应通过市场机制产生激励和引导的杠杆效果难以发挥。与此同时，推动低碳经济发展的相关财政投入机制本身也很不健全，有关低碳的财政资金没有相对独立的科目体现，分散在各个领域的科目下，没有像其他特殊用途的基金或资金有唯一的财政资金体现，更没有建立为将来规划和行之有效的投入机制，财政投入机制的不健全使很多重要的节能环保项目得不到资金支持，而避免地面临到一些不必要的节能环保项目上，许多不利于低碳经济发展的财政补贴政策亟待调整，应该尽早建立低碳经济相关的担保制度，设立统一的财政基金，尽快建立和完善碳排放权的交易市场，形成碳金融创新体系，从而更好地发挥财政政策对低碳经济的引导和促进作用。

3. 管理与绩效有待提高

首先，资金的投入效率低。在建设过程中，相关资金浪费严重，并也存在着挪用浪费的现象。其次，存在财政资金购置的减排设施闲置的现象。有些节能减排治理的设施不能进行正常的运转，没有发挥其应有的处理效果，进而影响了资金的使用效率。政府补贴的太阳能光伏发电和风力发电设备制造能力甚至出现了产能过剩，造成了一些设备的闲置和浪费。再次，随着相关政策执行时间的延长，管理上的一些漏洞也逐渐暴露出来。因为新能源行业能够得到政府给予津贴，因此一些区域大规模引进新能源，这与政府津贴方针模糊不清有根本联系，所以，针对政府津贴需要有一定划分，政府在审批新能源方案时必须确立固定的指标，防止恶性竞争。不能单纯地与新能源相关就可获得津贴。此种方针的执行不力、监管不严、骗补行为等相关问题都需要今后加强管理、规范制度、严厉惩处。第四，从具体的预算支出项目来看，节能减排和环境保护的财政支出事项较多并且复杂，在空间上支出事项存在着高度重叠，这使得环境财政资金的集中使用效率在一定程度上受到了限制。现已运用的财政政策项目较多，各个政策相对具有独立性，相互之间缺乏协作，并且资金投入的项目存在着较大的分布差异，大部分资金用在了淘汰落后产能、加快能源结构的转变以及经济结构的转变，使得低碳技术的资金投入相对较少且分布失衡。

4. 政府采购政策示范作用不强

政府机构节能采购发展十分缓慢，政府采购行为亟待调整，引导节能产品推广的作用不显著。例如大排量、高耗能汽车，在实际的采购中仍占有很大的比重，对节能型汽车发展的引导作用不明显，政府部门的示范作用也没有发挥。提供专业化节能服务的公司及其服务还没有纳入政府采购的范围。

5. 现有税收政策尚待调整与完善

当前中国税收制度中，一方面，专门针对节能减排的税种和税收优惠少，涉及范围窄，在税制结构中，环境税收所占比重低。当前与低碳经济发展有关的税收政策仅有一些税收减免政策，对纳税抵减、再投资退税、递延纳税与提速折旧等手段均未采用；另一方面，现行资源税因性质发生变化，计税依据不合理等问题，难以达到促进资源集约利用的目的。资源税的计税依据是资源的销售量而不是生产量，客观上又鼓励了企业对资源的滥采滥用。

此外，中国当下税收中的能源气候维护手段有：消费税、增值税、企业所得税、城市维护建设税、资源税和城镇土地使用税以及耕地占用税，此类税收手段采取"恩威并施"的方针，在减少和消除环境污染影响，促进环境维护层面起到了有力地推动作用。然而，现行税收政策亦具有一些不足，如税收比例不合理，一些税费的标准太低，令环境税收在全部税收中的占比较低。所以，从宏观上讲，中国当前的资源环境税税收总额及增速距控制能源、遏制污染、筹集资金等要求还有很大的差距。

6. 政府转移支付制度稍显滞后

2007年以前，在体现政府行为领域的财政预算科目的确立上，没有环境保护科目，而是在其他领域的科目下涵盖，不单独体现。财政部在2007年政府收支科目改革时，单独设立了环境保护这一功能支出科目，从财政的角度看，环境保护科目有利于加强中央对环境保护的转移支付力度。虽然如此，政府收支科目改革至今并没有促进低碳经济得到较快发展，且其对低碳经济发展促进作用的发挥存在诸多障碍。

目前，制约中国碳财政机制的一个重要体制性因素就是政府财权同环保事权的矛盾，如此亦造成了转移支付制度在完善时没有依据。中央与地方政府财权的划分是分税制体系改革的主要目的，由于没有考虑环保这一重要因素，中央、地方政府税收的财权分配同环保事权分配极不对应，中央直属企业及其分公司将大部分税收上缴中央财政，但却把环境维护和污染监管的事项留给地方，很多问题都不得不由事发多年以后的地方政府来承担，如环境遗留问题、污染治理问题和生态修复问题等。而欠发达区域的资金在负责环境监管、自然复原项目的费用上具有极大的困难，很多地方财政在环保项目上入不敷出，地方的环境保护义务和企业税收分配权利之间不对等；区域之间政府财政转移支付体制尚未建立起来，其结果必然是经济发达地区地方政府公共环境职能渐趋增强，而落后地区则逐渐减弱。

此外，事权划分得不明确使得环境保护投入重复和缺位，一些应由中央政府负责、具有国家公共物品性质的环境保护事务，还比较缺乏中央财政的支持。同时，一些应当由地方政府负责、具有地方公共物品性质的事务，地方财权不到位，普遍存在着地方政府向中央政府"寻租"的现象。地方政府将该区域的税收收入最大化为未来规划，所以在发展经济和低碳政策的选择上，往往优先考虑前者，而将节能减排和环境保护放在后面，并推卸责任；而另一方面，中央的转移支付也不能帮助地方政府解决环境保护方面资金缺乏的问题。中央想要更多地扶持欠发达地区，但由于中央政府和地方政府存在财权和事权的基本矛盾，且中央财政的转移支付制度本身还不够完善，所以很难解决中央转移支付支出结构不合理的现象，进而使得地方碳财政投入缺位的问题更难以得到解决。

7. 与其他政策间协调配合不够

财政政策与排放权交易、价格等其他规定之间缺乏系统性，各个财政政策之间、财政政策与金融政策之间、财政政策与产业政策之间等缺乏协调配合，难以形成合力起到调控能源和环境问题的作用，这使得财政政策效果在很大程度上不尽如人意。

（二）最优碳财政政策安排

经济基础和上层建筑是辩证的关系。经济基础决定上层建筑，上层建筑反映经济基础,并具有相对的独立性。经济基础是上层建筑赖以存在的根源,是第一性的;上层建筑是经济基础在政治上和思想上的表现,是第二性的、派生的。因此,要刺激低碳经济的发展,必须建立与之相适应的相关政策为其提供保障。市场机制被新公共管理理论引入到公共产品的提供当中,引导如私人、政府、国际组织等多元主体提供公共产品。政府是公共部门政策制定的主体,低碳经济的整体纵深发展必须由政府为其提供充分的相关配套政策。

1.促进中国低碳经济发展的财政支出政策

第一,制定促进低碳经济发展的新型财政预算。首先,应在预算科目中,增加发展低碳经济的科目,并提出合理的财政预算,比如规定教育支出、科学技术支出等支出科目占财政支出比重或合理增长幅度,可以纳入一票否决的地方考核项目中,保证财政对低碳经济发展的支持。还可考虑在市政预算中添加自然资源和环境质量的年度预算,把自然资源的使用情况也纳入评估范围,以监控市政运作和项目的环境影响,从而达到减少使用自然资源的目的。具体地,可以把控制二氧化碳释放的有关支出纳入环境保护支出科目中。由于缺乏低碳、新能源、可循环资源等支出科目,因此可新增能源节约支出科目,或者将环境保护和能源节约两项内容相结合,确立"环保与节能"支出科目,进行技术研发、示范推广、教育培训等支出预算;其次,在建设性的预算支出中,加大财政对低碳经济发展的投资力度,避免地面临低碳经济发展投入占预算投入的比重,加大对传统产业的低碳化升级改造力度,增加低碳技术研发的财政投入力度;再次,成立低碳经济发展专项资金,同时有效利用政府管理与群众监督,扩大财政资金在低碳环保节能上的使用效益;最后,要严格把握预算执行。提高低碳预算执行分析的广度和深度,对绿色财政执行中的问题和走向做出及时准确地判断。可使用计算机数据挖掘技术增强其可操作性。

第二,整合财政补助专项资金。整合目前用于节能的各项财政资金投入,如节能领域中央预算内投资资金、节能技改财政奖励资金、淘汰落后产能专项资金、国家机关办公建筑和大型公共建筑节能专项资金、高效照明产品推广财政补贴资金等,建立国家节能专项基金,形成稳定、规范的节能投入渠道,充分地发挥政府投入在推动全社会节能方面的引导作用。

此外,建立中央的节能专项资金,可考虑设立碳财政基金。由于中国开征碳税还需要一个循序渐进的过程,在全面征收碳税前期,该项资金的主要来源应该是碳排放交易所产生的收费。征收碳税后,碳税将作为资金的主要组成部分。还可以从社会捐助和预算收入中提取一部分作为碳财政基金的辅助构成。支出基本用于进行资源消耗改善、低碳新科技的探讨、其他形式资源的探索与进行绿色环保项目等。中央政府设立的碳财政基金可用于支持重点行业、重点领域、重点地区低碳经济建设以及低碳经济技术开发与应用。地方政府设立的碳财政基金主要用于当地重大环境保护与整治工程、区域结合部污染整治、外地区环保援助和赔偿等。

碳财政基金的设立还可以起到示范和引导作用，引导社会资本投资于种子期和起步期的节能环保、新能源企业的投资基金。一方面，其通过对低碳型新能源企业提供前期的部分资金支持，引导私人碳基金资本进一步投资于该企业，起到一个杠杆作用，放大了政府资金的支持效应；另一方面，获得其资金支持的低碳型企业，同时也获得了政府无形的信用担保，可提高该企业在银行的信用等级，从而获得更多的碳减排资金。

第三，创新财政支出方式，灵活运用贷款贴息、财政补助、补贴及奖励等多种方式鼓励节能，加大低碳经济发展的财政支出力度。要把中国的能源政策和财政补贴紧密结合，财政补贴的主要问题在于政府的补贴选择和补贴程序。由于财政补贴对成本和价格的影响，必然会进一步影响到需求和供给，根据能源政策出台的财政补贴，会对低碳环保企业提供扶持，改变资源配置，影响价格，促进低碳经济的发展。

由于市场有其自身的调节作用，在市场呈良性的状态下，国家政策不应干预市场，如果低碳经济发展成熟，财政补贴就应该退出市场。只有在低碳技术起步和推广时，面临资金困难需要投入资本，新能源补贴才应作为短期方针，鼓励低碳产业发展。具体操作层面可以从以下环节实施：

首先，增强对关键环保工程和新能源项目等低碳项目的财政补贴，促进金融体系变革和商品创新；对进行节能环保科技的公司商品采取价格补助，提高商品节能参量，提同节能环保商品的市场占比，减少节能科技和环保商品的成本。其次，针对节能环保科学技术的研发投资进行补贴，倡导企业自主促进节能科技进步，特别是风力、日光能、自然能等可循环资源的研究试验，有了财政补助，企业可以弥补在环境保护和污染治理方面多投入的成本，增强低碳意识，研究和实验新能源，废物循环利用，自发节能环保。对整治排污、节能环保等项目给予补贴，降低借款利率，在折旧要求上优于同行业企业；地方政府倡导低碳和新能源技术，鼓励使用清洁能源，刺激企业变革，向节能环保企业转型，向社会推广绿色交通、低碳消费，打造绿色之城。再次，对具有节能环保设施的企业，参考企业排污治污的能力予以补助；对企业前期设施投入造成成本加大所导致的亏损进行补贴，帮助企业尽快产生利润，可持续发展。最后，降低低碳产品市场价格或给予价格财政补贴，刺激消费者购买低碳产品。此外，政府要根据低碳经济发展的需要，细分低碳项目补贴，加强补贴资金管理，不能靠主观臆断和个人决策对企业进行补贴，防止偏私问题发生，监管督促企业有效使用财政补贴，提高补贴效益。

第四，构筑政府节能采购方案。其一，制定节能认证指标，同时逐渐提高满足节能认证指标的商品的采购量和区域，不断完善环境标志认证产品的认证方法，此为促进碳金融，完成政府节能采购的根本。其二，设定具体、实用、可行性强的节能采购标准，将节能产品列入政府采购清单，并及时调整和加强管理，对低碳环保产品可以实施指示性的采购，将高耗、强污的产品逐年淘汰出采购清单。其三，要把节能产品的采购工作纳入政府绩效考核，作为年终绩效考量的项目，政府在节能减排工作中要起模范带头作用。

第五，转移支付制度。首先，完善中央财政纵向转移支付制度，促进地区间碳财政能力均等化。不但需采取方针和法规慢慢规范政府各级机构的环保事权，明确各级机构责任，抓紧建立地区间的转移支付制度，保证地方政府在环保财权和事权的对称，均衡各地区之间的环保能力，而且需完善构筑财政转移支付的制度体系，实行财政转移支付差异系数制度，着重考虑各地方环境、地理及经济发展因素，提高欠发达地区的转移支付比重，中央财政对该地区应有所倾斜，并通过纵向转移支付的形式体现横向转移支付的目标；灵活运用增量返还、专项补助和对口补助等方式，加大对落后地区的转移支付力度，切实起到均衡区域财力和公共服务能力的作用。

其次，积极探索建立地方政府间碳财政横向转移支付制度。从国际上看，现今只有德国通过法律针对节能环保制定了各地区之间的转移支付的标准，其目的是维持各州之间的平衡，别的国家还没有成型的一套政府间横向转移支付制度。从中国现状来看，地方政府在横向转移支付上有了一些初期的尝试，比较成功的是浙江省在行政辖区内的市、县之间建立了政府间生态补偿模式，其他如广东省、安徽省以及福建省也在积极探索。

尽管建立碳财政横向转移支付存在各种各样的困难，但是我们可以参照国内外现有模式和经验，建立适合中国国情的财政横向转移资金的管理制度。设计时应像纵向财政转移支付一样，把衡量标准作为横向财政转移支付制度的主要因素。实际上，真正确定横向财政转移支付标准的机制是在社会公认的基础上研究商定，并创新方式，在上级政府设立专项账户，支付时，由上级政府和支付的两地政府三方共同监督支付。

2. 促进低碳经济发展的财政收入政策

政府应通过税收政策促进低碳经济发展，向低碳行业加大税收优惠力度，引导企业对低碳技术的投入，生产节能产品。通过选择性、差异化的税收政策，对符合节能减排标准、有利于低碳经济发展的新兴产业实行一定的税收减免。具体做法如下：

第一，加快碳税征收试点的启动工作。依据社会科学院财政科研所对碳税征收的预测，碳税征收的领域应该是：在制造或生产等环节直接排放二氧化碳的企业，可优先在京上广等经济发达地区试运行，以地方税种的形式征收，总结经验后在全国征收。碳税纳税人主体为：向自然环境中直接排放的单位和个人；但考虑中国目前缺乏这一税种的制度设计和征收管理经验，在开征初期课税范围不宜太宽。应采取循序渐进的办法，先将排放二氧化碳严重和便于掌握的企业试征碳税，逐渐扩大征收范围。在税率制定上，可以采用按排放量作为征税标准的原则，固定税率。对此，应先建立主体框架，初期征税税率水平不宜过高，避免把企业陷入两难境地，促使企业进行改革创新，同时对节能减排企业采取减免退税等优惠形式，通过碳税调节市场。碳税的征收既充分控制二氧化碳的释放，又加强制造企业在国际上的竞争力。参考现有税制，碳税应作为中央和地方共用收入科目，由国家税务总局系统负责征收管理，并按照属地原则划分税收管辖权。

大部分先进国家收取碳税的关键原因在于增加效率，控制消耗，而不是在于增加税额，增加政府财政收入。所以，在运行上，通常均拥有方向性和特殊使用的特征。像英国征收的气候变化税是面向各领域在消耗煤、电、天然气时收取的一项税种，其绝大多数又以多项手段回报于企业，具体的大约有七成的税收以减免社会保险金的形式补助给企业，约一成的税收作为对企业在节能减排方面的政府补贴，约 5% 的税收缴入固定的碳基金。当收取碳税时，大部分政府采取的是总量不变的原则，也就是在征收碳税的时候，相应减少其他税种收入，不增加整个市场总的税收负担。

第二，逐步完善和调整现有税制体系。在能源消耗日趋紧张的不利形势下，世界金融环境风云变化、高深莫测，为了最大限度地降低税制变动对中国经济的影响，最好能够利用当下税收体制中具有低碳功能的税种，调整其内部要素，以此构建中国的低碳税制体系。

可以对低碳产品和节能设备在一段期限内给予一定的减免退税的优惠政策，尤其是那些节能减排明显的行业或企业，对于有些低碳成效特别突出的商品，可以采取增值税征退同步的方案。退税额度可以是全部，也可以是部分退还，通过这些政策刺激企业发展低碳经济。在增值税对低碳企业实行优惠政策时必须关注下面几个方面：首先，必须明确界定享受优惠政策的领域和行业。能够享受政策的产品必须是低碳效益明显，但在市场中还没有销售份额的商品，可以通过优惠政策扶持这些商品打开市场。其次，必须明确限定享受优惠政策的时限。低碳是动态的，不会停滞不前，应不断进行科技更新，享受政策的商品在市场竞争中慢慢会成为一般商品，市场上会有新的低碳商品陆续开发生产，所以，政策制定必须有一个时效性，不能一概而论。最后，还要对优惠政策的效果做出客观评价。作为价外税的一种，增值税可以影响低碳商品的生产环节，而对商品价格的形成和市场消费行为的引导效果甚微。另外，境外无偿避免地面临用于低碳产品的生产设备、器械工具、图书文献等应减免进口货物增值税。在一定程度上，可适当减免不直接用于低碳产品的生产设备、器械工具、图书文献等进口货物增值税。对部分能源综合利用的商品的增值税给予征退同步的优惠政策。

一要重新确定消费税的征收范围。把不符合低碳要求的高能耗消费品列入征收对象，可以对二氧化碳排放量大的消费品如氟利昂产品纳入消费税的征收对象，对原本就需缴纳消费税，但不消耗能源、不污染环境的消费品免征或减征消费税。二要在现有税制中适当调节税率水平。对二氧化碳排放量高的消费品要提高税率水平，二氧化碳排放量低的消费品可以降低税率水平。如对排量大的交通工具继续提高税率，对符合低能耗、新能源的交通工具适当减征消费税。三要把消费税的优惠政策向低碳倾斜。对达到二氧化碳低排放值的商品给予消费税减额优惠。可以把低碳标准附加在减征消费税的必要条件中，倡导企业生产低排放量的节能和清洁能源的产品。四要充分利用消费税的节能减排功能。对一次性使用产品如木筷、纸尿布、纸杯和资源消耗大的产品如高尔夫球具、高档建筑装潢材料等提高征收税率水平。对大排量的交通工具和电池、煤炭等对大气层破坏严重的产品应对其征收巨额的消费税。对污染环境严重的产品生产企业征收消费税，提高其成本，制约破坏生态的消费行为，倡导绿色低碳消费。对低能耗、无污染产品、可循环利用产品、清洁能源产品等，应对其征收较低的消费税。如无铅汽油。

应对生产节能环保产品的企业给予优惠政策；对企业的节能减排设备，允许其提高折旧率或加速折旧，节能环保产品的科研费用可以在税前扣除，允许企业在税前据实列支此项费用。鼓励企业成立专门的节能减排研发资金，用于今后的技术、设备和产品的研发。对节能减排技术或设备的转让、咨询、培训等所取得的收入，可以给予减免企业所得税的优惠政策。金融机构在办理碳金融业务时，可以适当降低金融机构办理业务的税率，鼓励金融机构开展碳金融业务。对《资源综合利用目录》中所列商品进行减免所得税。引导企业生产可循环利用的产品。

首先，可以扩大征税范围。将所有需加以保护的自然资源纳入征收范围。其次，改变税收征收依据。由以数量为计税依据改为以产量为计税依据，提高计税额度，尤其是对中国需要重点保护和限制开采的自然资源，可适当的提高其资源税率，从而限制毁灭性开采。其次，积极推动费改税，设立相应的资源税项及科目，将各类非税收入中资源性收费也纳入资源税。如矿产资源补偿费收入、海洋废弃物收费、渔业资源增殖保护费、水资源费收入等。最后，发布适当的促进能源循环使用、研究使用新型能源的税收方针，从而提高能源的使用率，令资源税充分发挥环境保护、节能减排的作用。

关税反映海关按《中华人民共和国进出口关税条例》征收的除特定区域进口自用物资关税外的关税。对低碳产品和高消耗产品实行不同的关税政策有利于低碳经济的发展。通常由进口关税和出口关税组成。关税在税制中对促进低碳经济发展起着举足轻重的作用。对高消耗和碳排放大的进出口产品征收高额的关税，控制其流入本国，迫使出口国对低碳发展履行国际规定。对高能耗、强污染的产品和不可再生的自然资源增加关税税额，限制其出口，同样有利于节能减排。将碳排放量高低作为征税的一项标准，既能保护日渐消失殆尽的生态能源，改变产品的生产环节，促使严重污染环境和高排放量的生产过程迁至国外，又能增加进口商品的低碳占比，禁止高排放量产品进入本国。有效遏制不利于低碳经济发展的产品流入，增强环境保护的能力。对于境外捐助的低碳商品生产设备和技术等应减免关税。对于企业用于节能减排，但仍然不具备条件生产的大型产品可以在一定额度上给予优惠政策，适当减免关税，以降低企业的生产成本，加快发展节能产业。对于出口关税，应当依据国家节能减排的政策导向，为促进低碳经济发展随时调整出口货物退税税率水平。一定程度提高出口低碳产品的退税率，鼓励低碳产品的生产制造。

政府也可以采取其他税种的优惠政策鼓励发展低碳经济。首先，对达到不同节能减排效果的企业，在房产税、个人所得税、城镇土地使用税等给予减免税的奖励和扶持。其次，对进行低碳项目研究、转让节能技术或设备和由此产生的咨询、服务等经营性活动免征营业税。再次，通过车船税和车辆购置税，限制大排量汽车的销售和购置。对清洁能源汽车和符合低碳标准的汽车，同样给予减免的优惠政策；最后，税制在未来规划和设计中，要朝着有利于低碳经济发展的方向前进，逐步将低碳发展纳入整个税制体系中。

第三，建立针对节能减排财政政策的绩效考核制度。制定针对节能减排财政政策的绩效考核制度。将节能减排政策作为考核各级政府和主管部门的一项重要指标。以上一年节能减排政策和节能工作效果评估作为节能资金分配比例的参考尺度，促使各级政府积极落实节能财政政策。公开财政用于节能减排专项资金的使用情况。根据政府公开原则，重点监督节能环保专项资金的使用，项目提前公示，加强监管，避免"利益徇私"的出现。严肃节能环保专项资金的流程和程序。利用计算机软件功能，将项目报告、产品信息、资金使用流程、监督检查办法全部录入备查。堵漏防腐，确保资金及时到位，项目能效及时发挥，对竣工项目及时追踪，保证节能资金的使用公开、公正、公平。对不利于节能减排的行为要追究责任和进行处罚。把弄虚作假、骗取财政资金的企业列入名单，取消其中标、投标资格，扣缴招标保证金，全国范围通报，永远不得享有国家财政优惠政策，如违反国家法律依法追究法律责任，对政府部门和主管部门负责人从严处理。对监管不力，出现瞒报、冒报财政专项资金的地方政府，中央财政可视情况核减转移支付补助。

第四，创新财政支持方式和合理选择政策手段，有效运用财政投融资政策。应该根据战略性新兴产业发展的不同阶段和环节给予支持，并选择不同的政策手段，提高财税政策的效率。具体来看，一是在研发阶段，应以财政拨款为主，加大对基础研究的财政投入，并合理采用激励企业技术创新的税收优惠政策、财政补贴、奖励等政策；二是在示范推广阶段，应采用企业投资方面的财政补贴、担保等投入政策，相关产品的财政补贴和奖励政策，引导产业加快发展；三是在应用和产业化阶段，应采用培育市场方面的财政补贴和政府采购政策等。同时，抓住战略性新兴产业的关键领域和环节，着重支持重大产业创新发展工程、重大成果产业化示范、市场应用示范、创新能力建设和公共技术服务平台建设等。此外，还应该根据不同战略性新兴产业的各自特点，对新能源、新材料、信息通信、新医药、生物育种、节能环保、电动汽车等产业选择合理的财政政策手段。

公共服务业、流通业、物流业有生产性强、规模经济效益明显的特点，其投资要求的初始资本大、风险高，且建设成本与上游能源、原材料联系紧密。因此，可以对这些行业运用灵活多样的财政投资和融资策略。除财政直接投资外，还可以综合运用 BOT（Build-Operate-Transfer）、BOO（Building-Owning-Operation）、TOT（Transfer-Operate-Transfer）等先进引资方式。

BTO（Build-Transfer-Operate），即建设—转让—经营。对于关系到国家安全的产业，如通讯业，为了保证国家信息的安全性，项目建成后，并不交由投资者经营，而是将所有权转让给政府，由经营通讯的垄断国有公司经营，或与项目开发商共同经营项目。

TOT（Transfer-Operate-Transfer）即转让—经营—转让方式，是指公有资本方把已经建好的公用事业项目有偿转让给民营资本经营，经营期满，民营资本再把该项目无偿转让给公有资本方。

BOO（Build-Own-Operate）民营资本不仅负责公用设施的建设、运行，同时具有此设施的最后拥有权，政府则能够在交易上给予帮扶和直接援助，并为此次交易提供免税政策。此外，地方政府也应推动建立碳信贷担保制度，通过财政资金担保杠杆，放大低碳产业信贷的投入规模。

第五，利用"碳国债"发展低碳经济。债券的发行，尤其发行国债，是为了满足特定项目和经济活动的融资需求。在其他国家，曾经出现很多为社会进步和国家建设而发行的债券。有政府信用进行担保，按购买时约定的利率兑换。

中国为了实现节能环保和低碳减排的目标，也可以通过发放国债来解决融资困境。新能源企业前期很少盈利甚至亏损的特点，决定其初期必定依赖于政府。新能源企业资本消耗大、费用高，投入见效慢。像太阳能发电站都要在建成后十多年才能有盈利的可能。这点成为新能源企业的软肋，不会对环境保护短期有所贡献。所以新能源企业在融资渠道上得不到金融机构的青睐。加上节能减排企业盈利见效十分滞后的特点，其内源性融资渠道同样不畅，证券市场同样对新能源企业观望较多，投资较少，致使市场融资渠道也捉襟见肘，所以只有国家鼓励的一种融资渠道。中国如发放碳国债，尽管短期内会有无回报的风险，可从长期看，发展低碳经济，有助于人民生活质量的提高，有助于节能减排。尤为可观的是，中国在今后不用对国际能源高度依赖，实现中国经济的良性发展。

碳国债是与众不同的证券，是国家旨在于帮助低碳经济和技术的进步而对参与者发放的带有制约要求同时需要如期偿还的债务凭据。碳国债的要求内容通常涵盖利率、时限、面值等。因为碳国债的关键效果在于发展新能源企业或淘汰原有的高能耗强污染企业赋予资金帮助，也就是旨在于完成国家低碳环保目标而融资，所以叫做碳国债。碳国债的基础同别的债券一样，皆带有法律规范的权责的认证书。此外，碳国债还需带有下述性质：首先，募集资金的用途明确，即投向低碳环保这一领域。其次，资本注入的方向风险巨大，短期不会盈利，国债发行必然要求政府扶持、政策倾斜。而且，用国家信用当成国债的保证，当企业难以偿还借款时，会给国家带来困难。最后，碳国债的发放会促使整个金融系统与资本市场更多地向碳金融靠拢。

二、碳产业发展政策

相关学者选取了碳强度、经济发展水平、产业结构、人口增长率、城市化进程、能源消费结构、能源强度和对外开放程度等八个可量化、可获得且可跟踪的指标，经过实证分析得出：能源消费结构变化对碳强度有显著的正向影响和产业结构对碳强度有正向影响的结论。可见，低碳经济的发展与产业政策密切相关，两者相互影响。低碳产业的发展呼唤传统行业的改造升级，同时也为金融业在低碳金融服创新方面提供巨大的空间。文章试图通过产业政策的安排调整对低碳经济产生的反作用，来间接促进碳金融的深度发展。

（一）制约低碳经济发展的产业因素

1. 缺乏完善系统的低碳产业战略规划

发展低碳经济已经成为世界各国的共识，受到各国政府的重视。欧盟各国、美国、日本等国都制定了发展低碳经济、低碳产业的系统战略规划，配套以专门的财政政策、金融政策等，并通过立法等强制约束手段制定具体目标和时间表，使低碳经济的发展更具可行性、操作性和保障性。

中国政府虽然也制定了减排目标，在政协会议、政府工作报告等文件中提出了节能减排、发展新能源产业、开发低碳技术等规划，但是还没有形成完善的发展战略，尚未制定相关法律法规及科学合理的综合配套政策，缺乏有效的风险补偿、担保和税收减免措施，未形成支持产业结构由高碳向低碳转型的产业准入政策、产业投资政策、产业环境政策，没有形成明确的低碳产业标准，导致转型企业的经营成本大幅度上升，缺乏开发低碳技术的动力。

2. 缺乏统一的低碳产业认证标准

随着低碳理念越来越深入人心，"低碳"也越来越成为一个时尚词汇，低碳风潮席卷了汽车行业、房地产业、建筑业、家具业等众多行业，各企业在宣传中更是言必称"低碳"，但是低碳的标准到底是什么，各行业各产业低碳标准有什么不同，却缺乏一个统一的标准。在这种情况下，无论是银行对低碳产业的优惠贷款，还是政府对低碳产业的财政贴息、政府采购和补贴，都缺乏具体的操作依据和行动准则。

就中国目前的情况来看，既没有国家权威的认证标准和制度，也没有权威公正的第三方机构颁布不同行业、不同产品的"低碳"标准。各行业亦没有完善的低碳企业和低碳产品的具体量化指标。目前，只有家电和办公用品两类产品上有低碳认证制度，2010年底，环境保护部发布了家用制冷器具、家用电动洗衣机、多功能复印设备和数字式一体化速印机首批4项中国环境标志低碳标准。但该标准只能反映产品使用阶段的碳排放状况，无法反映产品整个生命周期的碳排放。房地产业、家具业、建筑业、汽车业等也在试图开展低碳产品认证，但是目前还未形成具体的量化标准。因此，"十二五"期间亟待解决的一个问题就是制定统一的低碳产业定量标准，建立碳标识等低碳认证制度。

3. 产业结构不合理

中国产业结构伴随经济发展不断优化，一产产值占国民生产总值比重日趋下降，三产产值加速提升，产业结构模式逐渐由"二一三"向"二三一"转变。即使有了这些转变，产业结构仍不合理。当前发达国家的第三产业比重超过70%，第二产业比重在20%左右，而中国的三次产业比约为 1∶4.7∶4.3，与发达国家相比，第二产业比重过大，第三产业比重不足。据统计，2011年第一产业增加值的年增长率为4.5%，第二产业为10.6%，第三产业为8.9‰。三次产业中第二产业增加值的增速最快，加剧了产业结构不合理发展的趋势。

4.工业内部结构失调

工业内部也存在着结构失衡的状况，高耗能、高污染的重化工业比重偏高，由此导致的能源消耗量和二氧化碳排放量大，在金融进步与都市化进程引导的大比例公共产品投入的促进下，第一产业近年来进入高速发展，特别是高污染企业尤为突出。

高污染企业的增加值及其工业总增加值的占比日益提高，近乎四成，近年来的占比远远超出了整个轻工业占比。发电、锻造、仪器、车辆、船只、生化、IT、耗材等高污染领域变成国家经济发展的关键源泉。2008年，中国工业能耗占全国一次能源消费的71.3%，其中高耗能行业占工业能耗的80%左右。重化工产业具有资源消耗高、污染排放强度大等基本特征，成为制约低碳经济发展的重大阻力。

5.现有产业中能源利用效率低下

与发达国家和地区相比，中国能源效率较低，能源强度排名靠后。根据国际能源署（IEA）的统计报告，2008年按汇率（2000年美元价格）调整的能源强度，中国为0.81吨标准油/千美元，居于第104位，是世界能源强度平均值的2.7倍。据中石油质量管理与节能部领导在亚太能源效率2008国际峰会上的介绍，中国目前能源利用效率仅为34%，低于发达国家的43%，相当于发达国家20年前的水平，相差近10个百分点。以资源利用比来说，中国煤矿平均开采率仅为30%，国际平均开采率为50%；从能源使用效率看，从能源挖掘至配送至产能，再到耗能，能源利用率远远低于三成。

6.低碳产业技术水平相对落后

总体来看，中国低碳经济尚未成型，低碳技术研发水平相对落后。虽然部分学者认为投资低碳技术的成本有限，但是对于发展中国家而言，低碳技术的成本仍然较高，特别是在低碳重大核心技术领域，氢能、生物质能、核能与新材料技术与国外相比，差距仍然较大。

此外，国内外的低碳技术合作还处于低级合作状态。虽然《联合国气候变化框架公约》要求先进国家有责任为欠发达国家给予科学技术，然而客观发展状况同公约要求截然不同，同时"清洁发展机制"方案对欠发达国家的技术转让也相对不足。很多时候中国唯有在国际技术市场上通过购买才能引进。实践表明，只有自主创新研发核心技术才是唯一出路。除上述产业制约因素外，碳金融自身产业发展也相对滞后。由于碳金融是新生事物，其整个产业的发展也处于刚刚起步阶段，因此当前产业政策的制定还没有专门针对碳金融产业发展的相关内容，缺少产业关注度。这一领域的空白不利于整个碳金融产业的深度发展。

（二）支持碳金融发展的产业政策选择

虽然从发达国家产业结构变迁的历程来看，降低第二产业比重，提高第三产业比重，能够有效降低碳排放，但是产业结构是与一定的经济和社会发展阶段相适应的，发达国家在充分工业化之后，以"外购"的形式，把高能耗的制造业转移到发展中国家，而由第三产业一服务业来主导国内国民经济。即便如此，在发展低碳经济的大环境下，发达国家仍需通过调控手段对当前产业进行调整，以减少碳排放。当前，包括中国在内的处于工业化和城市化进程中的发展中国家，工业将于相当长的时期内在国民经济中持续占据主导地位，难以像发达国家那样，靠发展高端服务业来实现低碳发展。在当前工业甚至是重化工业仍将长期存在的经济背景下，如何在系统的低碳产业发展规划做战略导向的前提下，依托产业结构政策、产业规制政策、产业布局政策、产业技术政策，形成全局性的有特色的低碳产业布局，是目前亟需解决的重点问题。

1.产业规制政策

产业规制是政府或社会为实现某些社会经济目标，而对市场经济中的经济主体作出的各种直接的和间接的具有法律约束力的限制、约束、规范，以及由此引出的政府或社会为督促产业经济主体活动符合这些限制、约束、规范而采取的行动和措施。低碳产业作为新兴产业，研发难度大、风险大、所需资金量大，其环境效益和社会效益往往大于经济效益，而且目前中国还没有针对发展低碳产业形成完善的、规范的、统一的、具有前瞻性的总体战略、政策规划、法律法规、配套支持等制度安排，各省市对低碳产业的发展还处于摸索、尝试的过程，不少企业在缺乏长效预期的前提下还处于观望状态，因此，在一定时期内，要使市场对低碳经济和低碳产业发展自觉作出反应的可行性较差，国家的当务之急就是立足于长远发展，尽快制定促进和保障低碳产业发展的法律法规、战略规划，形成对低碳产业发展的激励约束机制，从规制的角度建立低碳产业发展的长效机制。

第一，完善法律规制。目前中国关于低碳经济的规制大多采用政策的形式，缺少强制性的标准，其约束力和法律效力较低。因此，中国必须采取框架立法的形式将有关低碳经济的相关制度予以原则性、纲领性的规范，为各种政策的制定和实施提供法律依据，为低碳产业的发展提供更加有利的政策环境和制度保障。文章建议从以下五个方面来完善低碳经济的法律制度建设。制定低碳发展的基本法一《低碳经济法》。概括各种部门法和各种行政法规，将低碳经济的法律制度体系化，从宏观上明确低碳发展的目标，建立低碳生态发展的基本制度措施，统领能源发展、能源利用、能源节约等方面的法律法规。完善中国应对气候变化的法律体系。中国应制定《气候变化应对法案》，通过法律来确认国家应对气候变化的基本方针、基本政策、基本原则、管理体制，明确政府、企业、个人在气候变化应对中的权利和义务等内容。中国应进一步完善能源法治体系。一方面，应尽快出台一部综合性的能源基本法。从立法构成上看，虽已颁布《煤炭法》、《节约能源法》、《可再生资源法》等单行法，然而这些只是从其中的一个角度出发，没有涵盖全部能源问题。细则不详细，可操作性差。另一方面，应进一步的研究制定石油、天然气、原子能等主要领域的能源单行法以及能源公用事业法等相关法律。中国应形成发展以低碳技术创新和引进为目标的法律促进机制。中国应建立低碳技术资金投入、知识产权保护、技术成果转化及技术引进的法律促进机制，从根本上提升低碳经济的发展水平。应完善低碳立法的配套实施机制。通过低碳经济立法建立起完备的低碳经济法律体系后，最关键的是法律的实施。为此，中国必须建立完善的低碳经济立法配套实施机制，包括低碳经济的管理、监督与考核机制，低碳经济立法的宣传教育机制和立法效果评估机制。积极培育全民低碳意识，大力倡导低碳生活方式；在低碳经济法律、法规实施后，遵循一定的原则和程序，运用科学和可行的方法，进行评估和跟踪问效，从而使立法进一步贴近低碳社会建设，以实现立法价值的最大化。

第二，构建低碳认证标准体系。为了在低碳经济发展中占得先机，打破发达国家的绿色贸易壁垒，中国必须根据自身低碳经济、低碳产业及低碳产品的发展情况，建立与国际标准接轨、符合中国实际的低碳认证标准体系，为中国低碳经济的全面开展提供关键技术支持和操作依据。低碳认证标准体系包括温室气体排放核算标准、低碳产品认证制度、产品能效标准、低碳产业评价指标、低碳技术标准等内容。此外，中国可以选择与发达国家进行合作，借鉴国际先行国家低碳产品认证的做法，依托已有成熟的环境标识产品认证系统开展低碳认证工作，如2011年11月，中国最大的民营测试、检验、认证机构CTI华测检测旗下的华测认证机构与英国碳信托公司开展合作，CTI华测认证将根据碳信托的标准为中国企业提供审核及认证服务。

第三，制定产业战略规划。纵观欧美西方发达国家的经验，在低碳经济发展之初应积极制定低碳经济发展的总体战略规划，如欧盟2006年3月发布的《欧洲能源战略绿皮书》；德国政府2007年提出的实施气候保护高技术战略。

中国应在更高更广的视角，以各地方政府现存的低碳产业发展规划为基础并加以延伸扩展，制定全国性的低碳经济总体发展规划。规划可以契合中国的国民社会经济发展规划，以5年为一个阶段，明确阶段发展目标、标准和措施，详细设定经济指标、温室气体排放量指标、节能目标等约束性指标，根据全国各个地区的资源禀赋和区位优势，制订有指导性的发展规划，如针对主要的能源制造商与消耗能源的制造商，采取总量管制与交易制度，为低碳经济发展提供指引。除了总体战略发展规划外，中国还应制定能源发展规划、各行业低碳发展规划、低碳城市发展规划等战略性文件，推动低碳经济快速有序的发展。

2. 产业结构调整政策

碳金融与能源、化工、低碳交通、低碳建筑等产业有着密切的联系，政府与企业应利用市场的巨大动力，将碳金融与产业结构调整建立联系，形成高效高产的产业网络。降低二氧化碳排放量和降低二氧化碳排放强度的双重要求需要调整和优化产业结构，这是由于两者主要是由产业结构状况决定的。中国正处于城市化和工业化的快速发展时期，这一时期中无可避免地面临由高碳产业作为支撑国民经济的主导产业，与此同时，由于资源条件的限制，高碳产业的能源结构又以煤为主，因此，在这一大环境下发展碳金融，应在以下几个方面加快调整产业结构：

第一，优先改造第二产业，降低工业高碳产业的占比，同时加大高碳产业技术攻关力度，实现其向"低碳"的转化。应通过调整产业政策，鼓励工业的高碳产业从自主创新和引进技术两方面来提高技术进步，加大对新能源的开发和利用，实现产业升级。另一方面，产业政策的调整也应有利于促进高排放的落后产能的淘汰和更新换代。

逐步减少工业高碳产业在国民经济中的比重，加快第二产业中生物产业、太阳能、风能、核电、新能源汽车等新兴低碳产业的发展，加大"静脉产业"的发展。静脉产业（Venous Industry）一词最早由日本学者提出，把废弃物排出后的回收、再资源化等相关领域具体地称为静脉产业，就犹如体内的血液经由动脉给全身各组织输送营养和能量，接下来经由静脉再汇入心脏进行第二季循环相似。"静脉产业"亦叫做"静脉经济"或"第四产业"，其根本是通过循环再利用的理念，协调"垃圾过剩"和"资源短缺"的矛盾，把古典的"能源—商品—垃圾"的非循环运行方案，变革为"能源—商品—循环能源"的循环运行方案，使人类生态系统真正进入良性循环的状态。

大力发展静脉不仅能够处理在动脉工业产生的垃圾带来的生态污染，还能够将动脉工业带来的垃圾以循环能源加以使用。若要促进静脉产业发展，一方面应该在产品设计和生产中使用可降解材料及可回收利用材料，以减少垃圾，降低其处理难度及对环境的污染程度；另一方面应实行垃圾分类减量策略，实现垃圾及废弃物的资源化和无害化。

第二，完善和推进产业扶持政策，重点发展第三产业中的新型低碳产业。鉴于当前中国第三产业过于依赖"生活型"服务业的低质结构，今后应加快发展金融、保险、咨询、物流等知识型服务业，致力于服务业的结构升级，增强服务业的竞争力，如应该积极发展物业管理、旅游、社会服务、教育培训、文化、体育等需求潜力大的行业，培育新的增长点。此外，还应大力发展金融、法律、科技服务等低碳产业，提高第三产业的服务水平和技术含量。

第三，通过产业结构调整辅助碳汇机构的运行。碳汇是说将二氧化碳从大气中清理的手段、行为和模式，关键倾向于湿地聚集并吸收二氧化碳的效果。此外，有条件的地方还可以发展草原碳汇项目，节能项目、捕捞业。节能农业是指以降低大气二氧化碳浓度为要求，以降低碳释放、提高碳汇与绿色资源科技为途径，实现高效率、低能耗、低排放、高碳汇的农业发展模式。低碳农业是低碳经济的有机组成部分。发展低碳农业，是要发挥农业固碳吸储的特性，将过去高投入、高消耗、高污染的生产方式改变为依靠现代新技术、新设备、新工艺以及新产品支撑的新型农业发展模式，努力降低农业损失，降低碳释放，达到农业进步同自然维护的"均衡"，促进中国经济结构的优化和农业产业的升级。

3.产业结构布局政策

产业布局政策是说国家组织参照行业的金融科技特征、情况、能力现状同每个区域的实际水平，就若干行业的区域布局采取科学指引和合理整合的方法和相关方针。产业集群是说众多在位置上接近的彼此相关的企业和相关的组织，其共处或者与特定产业范畴相关，因为带有类似性同辅助性而关联起来。节能产业聚集是说采取科技变革同方式变革，完成绿色资源组成和提高能源效率的产业集群。当前中国产业集群的主要特征是一高碳、低端、单向。所谓高碳主要体现在高排放和高污染。低端体现在研发和流通环节比较落后，处于全球价值链的底部。单向体现在单向流动的线性经济，即"资源—产品—废物"。优化产业布局需从以下两个方面着眼。

第一，大力发展服务产业集群。现代服务业主要包括金融、保险、物流、咨询、广告、旅游、新闻、出版、医疗、家政、教育、文化、科学研究、技术服务等行业，这些行业的共同特征是能耗低、污染小、就业容量大。服务产业集群是各类服务企业在专业分工、协作生产与组织的基础上实现的柔性集聚，即通过建立基础设施和引入服务企业，将所提供的服务活动规模化，整个行业的服务产品采取链式生产，通过平行扩张延伸至供应链上下游的服务企业和最终客户，从而形成服务网络和相对稳定的集群机制，并以其自身的服务产品创新、独特文化内涵、新型合作方式及对行业、市场的应变能力来实现快速成长,取得竞争优势。

与工业产业集群相比,中国服务产业集群的发展滞后,存在着产业链不完善、产业结构雷同、缺乏创新能力、产业组织化程度低等亟待解决的问题,因此不同地区在发展服务产业集群的过程中应因地制宜,突出区域特色和区域重点,大力发展集群产业内的服务部门和功能,加强产业集群的制度创新,引进和培养专业稀缺的服务人才,促进服务产业集群的优化发展。

第二,以产业园区为核心打造低碳产业集群。中国应紧跟环保和节能产业快速发展的主流,以产业园区为核心,以绿色产业增长为突破口,积极发展具有低碳概念的产业集群,引导产业集群发展,促进区域经济协作。根据产业的经济特性,促进专业化分工和相关企业所在地域的相对集中,注重培育集群的形成、发展机制、吸引要素集聚的机制以及促进产业集群不断创新的机制。

在低碳产业园中大力发展低碳经济,通过物流传递等方式连接不同工厂或企业以形成产业共生组合,使他们可以共享资源和互换副产品,如可以使一家工厂的废弃物或副产品成为另一家工厂的原料或能源。在产业系统中,通过模拟自然系统建立"生产者—消费者—分解者"的自然循环,以实现能量多级利用和废物生产最小化,进而减少能源消耗和碳排放。

4.产业技术支持政策

产业技术支持政策是指政府颁布的用来指导、倡议和管理行业科技革新的方针的汇总。其以行业科技共处为根本的方针政策,是确保行业科技充分和高效进步的关键途径。在当前低碳经济模式下,减缓温室气体排放的关键在于低碳技术的创新。关于低碳技术的定义和范围目前尚无明确界定,将人类可利用的碳排放减缓技术归类为能效提升、燃料替换及碳集存、可再生能源、核电和林地固碳等5类。国际能源署(IEA)将低碳技术分为太阳能、先进交通工具、建筑与工业节能、生物能源、风能、高效与低排放煤技术、智能电网、碳捕捉与储存和其他能源等9类。以减少能源消耗和排放量为目标的低碳产业技术政策既包括具体低碳经济共性和关键技术研发的支持、激励政策,也包括低碳技术的国际合作及技术推广示范等等。具体可以从以下四个方面着手:

第一,重点支持低碳经济共性和关键技术的研发(R&D)。以发展高新技术为基础,开发和建立包括碳捕获和封存技术、节能和提高能效的技术、新能源技术等在内的"低碳技术"体系,主动购入与学习、了解世界领先科技,强化对带有相似性质的科技采取攻坚,从而使能源开发、节能技术和清洁能源技术取得突破,促进能源结构优化,推动主要工业产品单位能耗指标达到或接近世界先进水平。促进和倡议公司提高低碳经济科技革新的速度,增强公司个人发展水平。以大专院校、科研院所和大中型企业为依托,鼓励和引导高校、科研院所和企业联手开展低碳技术相关研究，建立低碳经济技术孵化机构，伴随技术革新，提高对能源控制与再利用相关的重要技术的研究程度，加快促进新科技、新水平、新素材的广泛使用，大力支持资源节约的项目建设。

第二，制定促进低碳技术发展的激励政策。应建立健全可靠的低碳技术数据库。既可分享各类低碳技术的最新研究进程，避免研发的重复性和盲目性，也能为企业获取技术信息提供便利，充分发挥低碳技术的正外部性。应保护低碳技术的研发成果。在实现低碳技术共享的同时保障低碳技术成果研发人的利益，为技术研发人员创造良好的工作氛围，充分调动专家学者开展低碳研究的积极性与主动性。

第三，加强低碳技术的国际合作。中国应加强能源科技界与外交政策界的联系，鼓励中国能源科学家参与国际研究项目，支持政府和社会行为主体之间的互动；提高中国在清洁能源领域的科技能力，创设以中国为主导的国际能源机构、组织或者联盟；积极争取国际组织资助的项目，开展能源科技合作的双边、多边正式协定；尽快搭建低碳经济发展的信息平台，举办国际、国内能源科技节或能源科技展览，提供宣传科学之普世性和共同文化利益的有效平台；创造良好的低碳发展软环境，吸引国际社会对中国清洁能源发展进行投资，吸引国际相关能源科技机构和组织落户中国，吸引国际研发资金、人力资本流入中国。此外，应谨防在引进西方所谓"先进"技术时，陷入用西方传统高碳技术所带来的更深层次的技术锁定，避免深陷石油能源技术与经济系统的"碳锁定"。

第四，加快低碳经济相关技术的开发和推广示范。积极开发和推广资源节约、替代和循环利用技术，促进企业低碳减排的技术革新，对高污染、科技陈旧的方案和商品采取强制退出。倡导利用低碳能源的新科技、新手段、新仪器和新素材，促进发展低碳经济的绿色制造科技、气候污染管控手段及能源多元使用技术的利用和广泛运行。组织开发具有普遍推广意义的能源节约和新型科技、"零排放"先进技术、再循环利用技术、低碳制造技术等，尝试解除各种限制低碳经济发展的技术阻碍。

三、完善碳金融市场的对策建议

（一）探索完善碳金融制度体系

1. 宣传碳金融理念

政府应从我国当前经济转型角度出发积极宣传碳金融理念，在全社会营造践行低碳的氛围。把电力化工钢铁等碳排放量大的行业作为重点宣传引导对象，可以通过召开碳金融年会和交流会的形式提高企业对低碳金融的关注度，使它们认识到碳排放权是一种无形资产，参与碳交易也是一种新的利润增长点。企业只有了解了低碳和碳金融，才会有尝试和参与的动力。金融监管机构也应该鼓励引导银行等金融机构参与碳金融业务，目前我国商业银行多是以绿色融资的形式为 CDM 项目业主提供贷款，而中介业务比如对企业碳资产进行管理和 CDM 项目咨询比较欠缺，商业银行除了可以在以上方面做准备之外自身也可以通过改进工作流程，实行无纸化办公和在网点采取节能装修等产生碳减排量，进入碳交易市场交易获利。因此政府应在全社会范围内宣传碳金融理念，使各个市场主体早日开发碳金融这片商业蓝海。

2. 建立完善碳金融的法律框架

（1）碳配额分配相关的法律

2012 年 6 月《中国温室气体自愿减排交易活动管理暂行办法》颁布，它为申报审核 CDM 项目和核证减排量的计量和签发提供了法律依据，但并没有具体规定碳排放权配额的分配细则，因此必须制定出台这方面的法规。碳配额分配在我国是指在二氧化碳排放总量一定的前提下，把总的排放量按一定的规则分配给各个微观主体，这种方式会影响到企业的成本和收益，因此保证分配公平至关重要。我国目前实行有偿分配和无偿分配相结合的方式，这一方面激发了企业参与碳交易的积极性，另一方面又提高了碳交易的效率。但弊端是分配权是掌握在各地方政府手里，容易导致地方保护主义和权力寻租问题的产生。因此应该制定对政府分配权力的监督和惩罚法律法规，比如规定政府分配配额的原则和依据以及分配的结果要公示接受社会监督，使整个配额的分配过程有法可依。

（2）构建统一的碳排放权交易规则

碳排放权市场目前存在严重的法律缺失问题。针对这一问题，应加快碳排放权市场立法建设，主要可以从以下方面入手：一是明确碳排放权的产权属性，保护那些暂时没有找到买家的 CER 所有者的产权，把他们的减排量计入专门的企业碳信用账户，保护他们节能减排的成果；二是界定交易主体、交易对象、交易种类和交易程序；三是建立科学的 MRV 体系（监测报告核查系统），以合理反映市场排放基准线，便于主管机构核查排放量、实时监测；四是取消在我国境内开发 CDM 项目的企业的股本结构方面的管制，应该在风险可控的前提下引进境外开发者，为我国本土开发企业带来先进的低碳技术和管理理念。

（3）完善绿色信贷法律制度

绿色贷款的法律法规有利于保障贷款供需双方的利益，为碳金融发展营造良好的氛围。由于 CDM 项目固有的潜在风险大、审批周期长等弊端，不同于常规生产行业，这使得商业银行在提供融资服务时因信息不对称而处于劣势，因此可以对 CDM 项目开发业主加强监管，规定它们像上市公司一样进行项目进展信息披露，如碳减排履约情况和绿色融资贷款使用情况，以便商业银行及时管控风险。对于它们披露虚假信息骗贷行为制定相应的惩罚细则。只有这样才能提高商业银行参与碳金融的积极性。

3. 加强国家政策激励

任何一个新兴市场的建立与运行都需要政府提供一定的政策支持和保障。建议国家在控制市场风险的前提下，尽可能放松对各类碳金融创新产品的政策限制和管控，充分激活碳金融市场，打通排放企业碳资产融资通道，支持碳金融创新服务实体经济和产业转型发展。对参与碳金融的企业来说，在上市条件方面对那些有巨大减排潜力的企业适当放宽条件，使它们能够扩充资金来源，改善公司治理结构，壮大企业经营规模，更好的促进碳金融和低碳经济的发展。加快相应财税政策的推进，确定碳排放权的会计与税务处理方式，可将现阶段的碳配额费用化，税前抵扣；对碳金融领域研究给予财政和科研经费支持。比如浙江省天台县积极落实环境保护、节能、节水等有关税收优惠政策，以税收杠杆来推动企业节能减排，促使企业采用节能环保新设备、新工艺、新技术。天台县国税局依托"党员志愿先锋队"，到环保类和高污染高耗能企业开展个性化纳税服务，一年为企业减税 6200 余万元。这样就切实降低了企业实施节能减排措施的成本，鼓励企业发展低碳技术和参与碳交易。对商业银行等金融机构从事碳金融衍生品研发积极地引导宣传，允许它们把这部分业务计入表外业务，对这部分业务规定计提的存款准备金率可以适当降低。国家也可以出台完善各地碳交易所的政策措施，由于碳交易所属于非营利性质机构，国家可以给它们拨付专项资金以用于更新电子化交易平台等基础设施建设，交易所也可以用这些资金来培养碳交易人才等。

（二）完善我国 CDM 市场的对策

1. 深入了解和研究 CDM 项目

第一，从国家层面来说，各级政府要用发展的眼光，避免地面临加强对 CDM 项目新领域、新知识的学习，并向社会各界做好宣传工作。针对社会大众国家可以投入资金利用报纸、电视等传统媒介和互联网新兴媒介对 CDM 项目知识进行宣传；对企业可以召开一些 CDM 交流会，让那些已经参与 CDM 的企业介绍它们的经验来鼓励其他的企业。我国也要加强与国外 EB 机构联系，及时了解 CDM 审批标准政策的变化，及时对我国的 CDM 项目进行指导使它们符合 EB 的审核标准。第二，从企业层面应该多关注低碳经济多关注 CDM，或许将来自身也需要进行碳减排额的买卖，所以应及早做好准备。尤其是那些已经或正在参与 CDM 项目的企业要了解项目的开发流程、各个环节需要准备的文件。第三，从商业银行角度，很多参与 CDM 项目融资中，众所周知，CDM 项目蕴含的风险巨大，商业银行只有深入了解 CDM，才能合理地进行贷款风险评估，加强项目进行过程中的风险监控以便及时采取措施保证贷款质量。

2. 丰富 CDM 项目交易类型

在我国 CDM 项目市场上，节能和提高效能项目属于资本密集型项目，周期长，投入大，开发的数量较少。而甲烷回收利用、20 分解和 HFC-23 分解由于减排技术的制约和核证减排适用的方法学少不受重视。这些说明了虽然我国 CDM 项目类型正在逐步丰富，但是各类型项目占比悬殊，结构有待改善。我们应充分发挥一些环境和社会效益好的项目的优势，使各类项目协调发展。我们可以多措并举丰富项目类型，第一，实现项目参与主体多元化。对于中小企业开发的规模较小的生物质能发电和水电项目，国家要从技术和融资方面予以扶持，以税收优惠和放宽贷款条件来引导资金投入，提高他们减排项目开发的能力。第二，扩大 CDM 项目覆盖的领域。低碳技术不仅可以应用于工业，还可以推广至交通运输行业、城镇基础设施建设和农村沼气开发等，这样可以充分挖掘我国的减排潜力。第三，加强对生物质能发电和森林碳汇方法学的研究，使这类项目的方法学更符合实际操作性更强，使这些项目不因为方法学应用不当而审核不过被搁置。只有原本开发数量少的项目得到充分开发，整个项目才能类型齐全，结构合理。第四，积极培育我国 CDM 项目咨询机构，提高咨询机构的设立门槛，规范它们的服务标准，对它们的业绩进行监督，建设一批能为我国 CDM 项目开发提供专业化标准化便捷化服务的咨询机构。第五，产学研相结合，加紧研发甲烷回收利用、生物质能发电和森林碳汇等开发数量较少领域的低碳技术研发，降低此类项目的开发成本，提高单位成本收益，如此才会调动业主开发此类项目的积极性。

3. 加快节能减排技术研发和推广

节能减排技术也就是低碳技术，研发低碳技术意义深远。从国家层面，它有利于建设资源节约型和环境友好型社会；从企业层面，采用低碳技术有利于降低 CDM 项目开发风险和产生更多的减排量。建立低碳技术创新体系需要社会各领域主体的参与，促进科技成果转化成现实的生产力。国家要加紧制定和执行低碳技术标准，建立低碳技术认证和专利制度，使低碳技术的发展更加制度化和规范化。国家可采取一系列财政补贴和税收优惠政策来支持低碳产业，为低碳技术的发展提供一个宽松的社会氛围。政府可成立低碳技术专项基金，也要鼓励风险资本参与研发节能减排技术，为研发提供多渠道的资金保障。我国也要积极加强与发达国家的交流，学习国外的清洁煤技术、碳封存技术和脱硫技术，同时以优惠政策吸引外资进行直接投资带来先进的节能技术。企业在跟国外企业合作开发 CDM 项目时要注重对低碳技术的消化吸收，增强自主创新能力，企业可以利用高校或科研机构的人力和硬件设施资源合作建设低碳技术创新平台，推动产学研相结合，此外企业要完善对低碳技术专业人才的培养机制，投入资金对他们加强培训。

（三）构建多层次的碳金融市场

1. 打造标准化的碳交易平台

碳交易平台一般包括交易主体、交易对象、交易价格和交易流程这四大要素。标准碳交易平台的建设应坚持以市场为导向、以政策为支撑，包括碳现货和碳衍生品市场在内的立体化体系。国家发改委气候司国内政策和履约处处长表示，我国将在 2016 年启动全国碳市场。随着未来强制碳交易市场的形成和统一，应整合现有资源，最终成立一到两家国家级的碳交易所，以期完善国内统一的碳交易市场。这意味着，我国的碳排放权交易市场即将从当前的七个试点城市推广到全国。在这一过程中还有很多准备工作要做，从最基本的立法，到统一配额分配方案、排放核算方法、完善注册登记系统等。虽然各地碳交易所对本地减排企业和 CDM 项目信息比较了解，可以为它们提供个性化的服务，但是各个交易所相对分散，各自的碳交易量不大，尚未形成规模经济，不利于降低碳交易所的运行成本。而且由于各地碳交易所的交易规则不尽相同使得进入交易的企业所属行业有差别，CDM 项目质量也不一样。因此我们有必要建立全国范围内的标准、统一的碳交易平台，这样更能集中人、财、物等资源优势。我国应根据国情采取分步骤循序渐进的方式进行，政府要发挥宏观引导的作用积极研究制定统一的碳交易规则、配额分配规则和监管制度，为全国碳交易平台的建设提供制度保障。在这个统一大平台上可以实现信息共享，企业可以在全国范围内寻找交易对手，碳交易也可以不受地域限制从而大大提高成交率。

（1）会员注册与管理平台

这个模块主要负责对进入碳交易市场的主体进行资格审查、登记注册、退出注销及其他日常管理工作。国内环境交易所目前都实行的是会员制，每个入场交易或提供服务的主体可称为会员，这些会员是在交易所备案并有电子档案的。但它们相对独立，信息得不到共享。所以我们应该通过建立统一的碳交易平台使得在一个交易所注册过的会员也可以在其他交易所从事碳交易，这样就提高了管理效率方便会员交易。

（2）信息发布平台

信息发布平台可以方便会员企业及时发布自己的买卖信息，企业可以在平台上发布名称、所属行业类型、需要购买或出售的减排量等信息。以 CDM 项目为例来说明这一平台的具体功能作用。项目咨询业务类型有四大类：协助项目顺利完成申请、审批和签发；为供需双方寻找到恰当的客户；协助项目业主洽谈购买碳排放量的协议；提供清查管理企业碳资产的服务。由于 CDM 项目的买家通常是国外机构，购销协议规定的履约时间长，谈判难度大，专业的碳咨询机构才可能顺利完成。我国的碳咨询机构数量尚少，所以交易所自身的信息发布平台可以避免地面临这一漏洞，随着电子商务越来越发达通过电子信息手段寻找买家完成交易能为企业节约不必要的搜寻咨询机构的成本，也可以让企业在短时间内找到合适的买家，这样就提高了碳交易的效率。

（3）交易操作平台

交易操作平台就是一个电子业务处理平台，交易双方通过网络平台找到合适的项目或交易对手后，下一步可登陆交易操作平台根据步骤指引进行信息的填写，包括交易主体的详细资料，项目类型、金额等。交易操作平台将会根据客户的交易指令完成交易并保存交易记录并使交易双方可见这些记录，这样使交易不受时间和地域的限制。交易操作平台在碳交易所的官网上，只有经过注册认证的会员企业才有资格进行操作，另外交易操作平台要采取严格的网络安全技术措施，确保交易信息不泄露、真实有效。

（4）清算与结算平台

清算与结算是由碳交易所人员在后台执行的步骤，为了交易双方能够完成交割。如果卖方账户的碳配额余额不足或者买方账户里资金不够，那么碳交易所作为中间人就要动用双方之前缴纳的交易保证金，但只是在保证金金额范围内进行履约，并将结果及时通知交易双方，督促他们及时补充资金来履约。这个过程中由商业银行作为第三方机构参与保证资金的安全。此外我们要健全清算结算的体制机制，努力提升清算的速度，争取实现 t+o 交易。

（5）交易监测平台

搭建完善的碳交易监测平台能够规范碳交易行为。交易监测平台起到监督检查前面各个交易环节的作用，要做到动态实时监测，平台系统监测和人工监测相结合，并建立监测结果反馈机制。此平台运行的重点为：第一，交易前确保双方身份的真实性和交易协议的有效性并检查交易双方账户是否有足够的碳配额或者资金；第二，交易过程中，确保交易的各个步骤都遵守交易规则的，加强对异常交易和大额交易的监管，建立异常交易预警机制，防范内幕交易的发生，对不符合交易规范的行为及时制止并对相关企业记入不诚信档案。第三，每个交易日后，交易监测平台要及时公布当日检测结果，使这个平台也可以接受外界的监督成为一个公开透明的平台。

2. 鼓励企业积极参与碳交易

越来越多企业的参与是碳交易市场繁荣发展的前提。企业参与碳交易不仅可以获得经济利润，更重要的是可以掌握低碳技术，提升企业的核心竞争力。为了更好地实现社会的整体减排目标，必须使企业树立低碳意识，走低碳的发展路径。各地的碳交易所可以定期开展有关碳交易的公益讲座或培训，提高企业的意识，帮助企业了解 CDM 项目开发流程和碳交易规则并以调查问卷的形式了解企业的减排需求。企业自身也要规划低碳发展战略，以长远的眼光看待碳交易，把握好机遇尽早进入碳市场。其实对于一些对环境污染比较严重的企业，应尽早加入碳市场这样不仅可以促进节能减排符合国家对它们的减排要求，还可以收获可观的经济利益，在未来的碳金融市场上赢得一席之地。

我们也可以采取措施提高企业参与的积极性。比如实行碳信用累计制度，即为自愿进行碳交易的企业设立一个专门账户用于核算项目碳信用值，然后把每笔碳交易的碳信用分值累计。通过这一制度安排可以使企业为未来有可能实施的强制碳减排做好准备，为了激发企业积极参与碳信用累计制度的积极性，我们可以赋予碳信用积分某些有价证券的特征。一是远期收益方面，企业可用累积的碳信用积分抵消未来相应的碳排放量；二是即期收益方面，企业可以把当前的碳信用积分进行有偿转让，另外把碳信用积分值划分为不同的区间，每个区间对应不同的贷款优惠条件。以碳信用积分值为区分度把企业差别对待，鼓励企业竞相参与碳交易。三是将它与企业形象挂钩，碳交易所可以像公布碳价格一样在交易所的信息平台上公布企业的碳信用积分，这样也是对那些提供碳减排量大的企业形象的宣传，体现它们在履行社会责任方面所做的贡献。企业也可以将碳信用积分纳入自身经营发展战略规划考核指标，具体可以从以下几个方面采取措施：企业可以增加科研经费投入，培育和引进科技人才，开发具有自主知识产权的低碳技术；也可以从产品设计、生产、回收各项环节加强监控，最大可能降低每个环节的碳排放量。

3. 充分发挥监管机构的职能

碳金融这个行业受政策驱动影响比较大，国家管理机构在碳金融发展中的作用十分大。政府的监管体现在很多方面，CDM 项目的审核批准、制定碳交易的规则和碳配额的分配等。国家可以设立由环境、金融等各领域的专家组成的独立审核小组以与国际标准来对 CDM 项目进行审批，体现监管的公平公正。就监管的对象来说可以包括项目业主和各交易所机构，尤其是被要求强制减排的企业，管理机构可以给它们规定免费的碳排放配额，超过就必须进入碳市场购买减排量，如果不按时减排就要对它们进行罚款和计入不诚信档案。此外还可以与银行监管机构联合监管银行从事碳金融业务。

4. 培养碳咨询机构

碳项目市场需要专门的机构来提供咨询服务，瑞士南极资产管理公司、英国碳资源管理公司等世界知名的碳项目开发商，已在中国开展很多业务。中介服务机构的存在为中国的碳金融发展创造一个交易成本低的发展环境并能活跃中国的碳金融市场。2005年之后，随着中国逐渐在全球碳市场开展CDM项目，国内兴起了一批CDM咨询公司。因为CDM项目的特点是整个销售端在国外，国内主要是进行产品的开发和咨询。由于我国碳减排咨询行业在国内没有明确主管机构，进入该行业也没有资质要求，导致2010年前出现大大小小近千家CDM咨询公司，由于众多咨询公司竞争力不足，到目前继续从事碳减排咨询服务公司不足100家，而这些咨询公司纷纷将CCER咨询作为其新的业务着力点。截至2014年11月15日开发CCER项目数前十名咨询公司依次为：中广核、环保桥、华能、国农小康、宝碳、科吉、汉能、大唐、超越、国电。因此国家应该加强对本土碳咨询服务公司的培育，如大力发展碳资产管理公司，让它们在一个制度完善的法律框架内有序发展，鼓励碳资产管理公司扩大业务规模，开拓新的除了咨询之外的业务领域。

5. 发展碳金融行业协会

碳金融行业协会属于社会非营利性团体组织，发挥着政府和市场的部分职能。它可以自发形成也可由政府引导建成，目前在我国碳金融市场不成熟的情况下政府也可以参考借鉴银行业协会和电子商务行业协会等其他行业协会来组织碳金融行业协会。第一，可以要求各地的环境交易所加入，这样有利于加强它们之间的沟通和经验分享，有利于打破目前交易所相对隔绝的状况，建立全国统一的大市场。第二，碳金融行业协会可以要求各交易所定期统一统计口径上报自己各类碳交易项目的数量金额，从而可以汇总本行业内部的碳金融数据提供给政府部门和商业银行以供它们使用。第三，行业协会可以制定统一的行业行为准则和处罚措施，尽管不具有法律强制性，但是也可以从一定程度上约束碳金融行业从业人员的职业行为，促进碳金融发展更加规范化。第四，行业协会可以从业人员提供再教育和职业培训的机会，比如可以设立官网，对目前所有入职的碳金融从业人员进行信息登记，要求他们每年用一定的时间来接受协会的理论培训和学习。还可以统一自组织碳审计师、碳咨询师等资格考试提高从业人员的业务素养。

6. 商业银行积极开展碳金融业务

绿色金融给商业银行注入了新活力，作为我国金融机构的中坚力量，商业银行对碳金融市场的发展起到巨大的推动作用。商业银行积极参与碳金融不仅是顺应国际历史潮流的举措，更是加速自身变革提升竞争力的途径。商业银行要抓住机遇，积极做好应对碳金融的战略布局，探索碳金融发展的新思路。商业银行制定碳金融业务规范、详细的开展流程，加强内部碳金融规章制度建设，防范碳金融操作层面的风险；商业银行加强对内部管理层和业务层人员有关碳金融理念的宣传和碳金融业务的培训，增强其对碳金融的认识，提升业务能力；从组织架构方面，商业银行设立专门的碳金融业务部门，对碳交易企业客户主动营销，了解他们的需求从而制定个性化的服务方案；业务领域方面，商业银行除了传统的绿色信贷业务，还应充分利用自身的人才、网络和产品优势开拓与碳金融相关的中间业务延长业务链条，对公业务提供碳交易代理、碳资产管理、碳顾问与信用评估等增值服务；为零售私人客户提供碳理财投资咨询服务，推广销售与碳指数挂钩的理财产品，丰富产品种类，扩大收益来源。此外商业银行也要加强与新能源行业和电力行业等领域企业的合作，参与 CDM 项目开发，为他们提供以 CER 为抵押的贷款。商业银行也可以从自身做起实行无纸化办公，网点设施建设注重节能环保以此来产生碳减排量并参与我国的自愿碳市场进行交易。

（1）丰富碳金融产品体系

商业银行可以创新绿色贷款模式，如 2014 年 12 月浦发银行和广州大学城华电新能源公司签约了国内首单碳排放权抵押资产业务。这种做法为碳交易企业提供更广阔的融资渠道，也在一定程度上降低了银行放贷的风险。商业银行也可以通过选择一些碳资产收益回报率较高的企业旗下的风电、水电等可再生能源项目，来进行绿色融资。商业银行通过参与设计并承销项目企业发行以碳收益为收益来源的碳债券，实现在金融市场发行碳债券为企业筹集成本低廉的资金。另外通过碳资产证券化也是一种融资的渠道，商业银行可以把碳金融项目类的贷款剥离出来根据各贷款的数额、期限和风险状况进行专业化设计，打包成碳资产证券出售以提高贷款收益的流动性，降低回收风险。商业银行也可以募集碳基金，汇集社会闲散资金，提高全社会的参与度。除此之外，商业银行可以开发碳理财产品，如碳基金、碳信托和碳信用卡等，碳信用卡的功能有记录个人的碳足迹、碳信用，个人可碳信用卡进行自愿碳减排量的买卖。最后商业银行投行部门应探索开发 CER 的期货、期权产品，使碳金融产品体系更加丰富。碳金融衍生品使商业银行拥有规避碳金融风险的工具。

（2）防范碳金融市场风险

碳金融市场的风险纷繁复杂，随着商业银行参与碳金融的程度加深，碳金融风险管理越来越重要。首先从操作层面商业银行认真研究碳交易制度，熟悉 CDM 审批各个环节的各类风险，制定一套审核碳金融融资业务的风险识别、风险规避流程。比如在进行 CDM 项目贷款的时候要多与项目业主沟通交流和实地考察来避免信息不对称，贷款的方式尽量使用碳资产抵押等贷款收回的可能性大的方式来避免违约风险。其次从制度层面完善内部风险管理制度和体制机制，使风险监管制度化、规范化；再者从风险管理技术方面，商业银行可以采用 VAR 模型和利率缺口模型来测度市场风险；最后商业银行可以通过在国外碳市场买卖碳期货、碳期权等碳金融衍生品来降低 CDM 项目贷款的风险。

（四）培养一批碳金融的专业人才

中国碳市场的高速发展，带来了对碳交易专业人才的极大需求，广大参与碳减排的企业对碳交易专业人才的需求呈井喷式增长，急需一批了解 CDM 项目注册流程、精通交易规则、熟知交易程序、掌握交易策略的碳交易专业人才。碳金融市场的建立是一项长期的全方位的立体化的过程，包括的环节有战略决策、资本运作、研究开发、咨询管理等，但是人才是支撑，所有这些都离不开碳金融相关的专业性人才。碳金融人才的缺失成为我国碳金融发展的瓶颈，培养一大批碳金融的专业人才才能为碳金融的发展提供不竭的智力支持。未来与从事碳金融相关的职业比如碳交易师、碳审计师、碳资产管理师有望与律师和注册会计师一样受人追捧。这些职业教育发展潜力巨大。我们可以从以下几个方面着手：首先，高等院校可以开设碳金融专业，教授学生关于能源企业的发展规划、碳金融资产分析、管理及开发等金融活动的能力，为减排企业和碳金融机构储备人才。如碳交易所，金融机构（碳信贷、碳保险、碳债券等），电力、煤炭、钢铁、石化等大型高耗能产业（碳资产开发、碳资产管理、减碳解决方案制定、减碳解决方案报告等），能源审计（固定投资项目节能评估审计、碳减排技术开发、碳收集技术等），中小企业碳管理（碳盘查、企业碳排放报告等）等。其次，做好目前从事与碳金融行业相关工作的人员的后续教育培训工作，包括对在职人员进行管理、建立专门的人才数据库，用来登记人才信息，对他们进行定期培训和考核，使他们能与时俱进地更新自身的知识储备，适应我国碳金融市场快速的发展。最后从政府部门角度来考虑，政府部门可以加强与高校的交流合作，成立专门的科研机构，设立碳金融专项资金，支持碳金融项目的研发，组织各种讲座对政府官员以及企业职员进行相关培训，增加全社会不同群体对碳金融全面深刻的认识。政府也可以组织本土碳金融人才去国外碳交易所考察，学习国际先进的经验为我所用。

（五）加强国内国际合作

1.加强国内合作

我国碳金融发展水平明显落后于发达国家，虽然各地已经陆续建立了碳交易试点，但是这些试点相对割据，不仅没有充分发挥区域环境协同治理的效果，也不利于全国统一的碳市场的建立。因此要加强各个交易所之间的合作，可以尝试建立跨区域交易试点。比如京津冀2015年在全国率先探索开展跨区域交易试点建设，河北省先期选择承德市作为试点，与北京市正式启动跨区域碳排放权交易试点工作，待成熟后全面推广。启动跨区域碳排放权交易试点建设，是推动京津冀协同发展的有益探索；是建立资源有偿使用和生态补偿制度的具体实践。承德市政府在参照北京市已有配额分配方法的基础上，使用相同的配额计算方法，与北京市建立配额分配协调机制，利用北京市碳排放权注册登记系统做好配额的核发和管理。跨区域碳排放权交易试点是一项创新性的系统工程。各个交易所之间也应该加强交流合作，比如北京环境交易所和天津碳排放权交易所地理位置临近，可以实现优势互补。北京的金融实力雄厚，天津工业基础好更有环渤海产业体系，可以形成合力共同促进区域经济的可持续发展。

2. 加强国际合作

我国碳金融的发展比起欧美国家十分落后，要追赶国家碳交易市场必须加强与它们的合作与交流。第一，我们应走出国门向欧盟排放交易体系市场和芝加哥气候交易所学习它们先进的经验。借鉴它们碳交易平台构建和运行的一系列规则，学习它们对碳交易风险防控的方法。第二，引进外国的战略投资者，让它们参与到我国碳交易所的建设中。因为国际上的碳咨询公司和碳资产管理机构来我国开展碳金融服务业务，有利于带来竞争效应，使国内的碳交易中介机构也优化和提升自己。第三，我国也应加快推进人民币国际化，提高人民币的国际地位，使国际买家在与碳交易中接受人民币作为结算货币，这样也有利于提高我国在碳交易市场上的定价权。第四，国内的商业银行也要加强与国际商业银行在碳金融业务领域的合作。在创新 CDM 项目融资方式、审核 CDM 项目贷款、研发碳期货和碳期权等衍生品和碳金融风险防范方面的合作，积极与国际市场接轨，促进我国碳金融的发展。

（六）未来展望

低碳经济的发展势不可挡，碳金融的出现为低碳经济和碳交易的发展带来新的发展理念和模式。碳金融的发达程度也体现了一国的综合竞争力。机遇与挑战并存，我国 7 大环境交易所处于起步阶段，没有健全的碳金融机制做支撑。所从事的业务很单一，以 CDM 项目为主，始终处于碳交易的一级市场，因此存在很大可以改善的空间。碳金融一方面可以使我国经济可持续发展，另一方面可以为商业银行等金融机构和碳交易服务机构的发展提供新的商机。因此为了更好地发展碳金融，政府、商业银行等金融机构和企业要扮演好各自的角色。

2016 年我国将启动全国性的碳市场，届时需要鼓励证券公司、保险公司和信托公司参与进来开发碳金融产品、需要国家宏观政策和法律法规的支持、碳金融人才和公平标准的碳交易制度。

如果说以前我国人均二氧化碳排放量低，在国际上不用承担强制减排的责任，但随着我国经济的快速发展，我国温室气体累积排放量在 2015 年或 2016 年将超过美国，情况的改变对我国不利。发达国家可能以此要求我国承担更多的强制减排的义务，所以我国必须要未雨绸缪，抓紧研究建立与国际市场接轨的碳交易体系。低碳产业和新能源行业是未来经济新的增长点，是实现遏制气候恶化和经济转型的必由之路。碳减排已经上升到国家发展战略，强制性碳减排有望纳入"十三五"规划。未来的碳金融市场随着碳金融衍生品多样化，参与主体的增多，风险必然也会加大。我们要关注减排政策因素、经济周期因素、气候状况和能源价格等风险因素，从国家层面应该建立和完善相关的监管制度；从商业银行层面应该对绿色贷款严格审查，了解碳期货和碳期权并制定风险监控指标和止损措施；从企业层面要熟悉 CDM 的审批流程，要建立科学完善的 CDM 项目的风险评估体系。文章为我国碳金融市场的发展路径提供了一些借鉴，但是研究的时间和所掌握的资料有限，未来我国碳金融市场会出现新的发展和变化，还需要与时俱进的深入研究。

参考文献

［1］苏蕾.碳交易期货市场的构建与运行机制研究［D］.东北林业大学，2013.

［2］盛春光.中国碳金融市场发展机制研究［D］.东北林业大学，2013.

［3］师帅.低碳经济视角下我国农业协调发展研究［D］.东北林业大学，2013.

［4］荆克迪.中国碳交易市场的机制设计与国际比较研究［D］.南开大学，2014.

［5］郭福春.中国发展低碳经济的金融支持体系研究［D］.武汉大学，2011.

［6］李妍辉.论环境治理的金融工具［D］.武汉大学，2012.

［7］涂亦楠.碳金融交易的法律问题研究［D］.武汉大学，2012.

［8］张云.中国碳金融交易价格机制研究［D］.吉林大学，2015.

［9］程炜博.碳金融市场参与主体和交易客体及其影响因素分析［D］.吉林大学，2015.

［10］孙兆东.中国碳金融交易市场的风险及防控［D］.吉林大学，2015.

［11］刘婧.基于强度减排的我国碳交易市场机制研究［D］.复旦大学，2010.

［12］吉宗玉.我国建立碳交易市场的必要性和路径研究［D］.上海社会科学院，2011.

［13］周慧.面向产业低碳发展的金融服务系统及传导机制研究［D］.天津大学，2011.

［14］李通.碳交易市场的国际比较研究［D］.吉林大学，2012.

［15］王陟昀.碳排放权交易模式比较研究与中国碳排放权市场设计［D］.中南大学，2012.

［16］张剑波.低碳经济法律制度研究［D］.重庆大学，2012.

［17］陈冠伶.国际碳交易法律问题研究［D］.西南政法大学，2012.

［18］张云.国际碳排放交易与中国排放权出口规模管理[D].华东师范大学，2013.

［19］崔波.中国低碳经济的国际合作与竞争［D］.中共中央党校，2013.

［20］张善明.中国碳金融市场发展研究［D］.武汉大学，2012.

［21］刘航.中国清洁发展机制与碳交易市场框架设计研究［D］.中国地

质大学，2013.

［22］李阳．低碳经济框架下碳金融体系运行的机制设计与制度安排［D］．吉林大学，2013.

［23］刘书英．我国低碳经济发展研究［D］．天津大学，2012.

［24］鲁旭．国际碳关税理论机制与中国低碳经济发展［D］．中共中央党校，2014.

［25］郑宇花．碳金融市场的定价与价格运行机制研究［D］．中国矿业大学（北京），2016.

［26］梅晓红．金融集聚下的中国碳金融发展研究［D］．南京师范大学，2015.

［27］何少琛．欧盟碳排放交易体系发展现状、改革方法及前景［D］．吉林大学，2016.

［28］陶春华．价值创造导向的企业碳资产管理研究［D］．北京交通大学，2016.

［29］冯金辉．碳金融与资源型产业低碳化发展的联动效应研究［D］．新疆大学，2017.

［30］李虹．基于碳信贷的科技型中小企业融资机制与对策研究［D］．天津大学，2016.

［31］马边防．黑龙江省现代化大农业低碳化发展研究［D］．东北农业大学，2015.

［32］万方．欧盟碳排放权交易体系研究［D］．吉林大学，2015.

［33］武俊松．低碳经济背景下碳金融监管研究［D］．吉林大学，2016.

［34］王扬雷．碳金融交易市场的效率及其溢出效应研究［D］．吉林大学，2016.

［35］冯楠．国际碳金融市场运行机制研究［D］．吉林大学，2016.

［36］李敏．完善我国碳金融市场的路径研究［D］．天津财经大学，2013.

［37］赵明阳．我国碳交易与碳金融体系研究［D］．首都经济贸易大学，2014.

［38］杨玲．长株潭地区低碳经济发展水平评价及金融支持研究［D］．湖南师范大学，2014.

［39］白璐．基于低碳经济背景下我国碳金融发展研究［D］．山西财经大学，2014.

［40］田萌．低碳经济下碳金融市场发展研究［D］．山东财经大学，2014.

［41］高小天．中国城镇化进程中碳排放的影响因素分析［D］．吉林大学，2014.

［42］郝晓明．碳金融体系的国际比较研究［D］．山西财经大学，2014.

［43］潘炜．我国商业银行碳金融发展战略研究［D］．西南交通大学，

2013.

[44] 张涛. 基于 Copula 模型的碳金融市场风险整合度量 [D]. 合肥工业大学，2013.

[45] 沈文滔. 我国商业银行碳金融业务发展策略研究 [D]. 首都经济贸易大学，2013.

[46] 程玉仙. 基于变结构 Copula 函数的碳金融市场波动溢出效应研究[D]. 广东商学院，2013.

[47] 张家勋. 论我国低碳金融法律制度的构建 [D]. 山西财经大学，2015.

[48] 王玥. 中国高标准基本农田建设研究 [D]. 湖南农业大学，2014.

[49] 冯瑞萍. 我国商业银行碳金融业务发展研究 [D]. 山西财经大学，2015.

[50] 陈清. 碳金融对能源消费结构影响研究 [D]. 浙江理工大学，2015.

[51] 薛莎莎. 我国碳金融市场规范发展研究 [D]. 山东财经大学，2015.

[52] 林琳. 金融机构碳金融发展 [D]. 福建师范大学，2013.

[53] 罗聪. 我国碳金融市场发展研究 [D]. 河南大学，2013.

[54] 彭双. 中外碳金融市场发展比较分析及对海南的启示 [D]. 海南大学，2013.

[55] 于淼. 陕西省产业结构调整的碳金融支持研究 [D]. 陕西师范大学，2013.

[56] 陈旭琳. 促进我国碳金融发展的法律制度研究 [D]. 贵州民族大学，2013.

[57] 王伟. 低碳经济发展的金融支持研究 [D]. 华南理工大学，2013.

[58] 王品洁. 中国碳金融交易模式分析 [D]. 西安建筑科技大学，2013.

[59] 王译兴. 国际碳金融财政政策支持的比较研究 [D]. 吉林大学，2013.

[60] 方游. 欧盟碳金融风险防控机制分析 [D]. 吉林大学，2013.

[61] 李岩松. 我国商业银行绿色信贷风险控制问题研究 [D]. 吉林大学，2013.

[62] 王相南. 中国碳金融基础运行机制问题研究 [D]. 吉林大学，2013.

[63] 阴俊. 我国碳交易市场发展研究 [D]. 吉林大学，2013.

[64] 孙古玥. 政策性银行拓展低碳金融业务研究 [D]. 吉林大学，2013.

[65] 王飞. 商业银行碳金融风险研究 [D]. 北京邮电大学，2013.

[66] 赵珊珊. 碳金融产品价格特性及风险管理 [D]. 西南交通大学，2013.

[67] 黄文若. 促进低碳发展的金融支持研究 [D]. 浙江理工大学，2013.

[68] 崔燕燕. 低碳经济背景下我国碳金融市场发展研究 [D]. 郑州大学，

2015.

［69］周鹏.碳金融对中国产业结构调整的影响研究［D］.兰州财经大学，2015.

［70］张宇.我国商业银行低碳金融业务发展研究［D］.天津商业大学，2015.

［71］易巍.我国碳金融市场制度的非均衡分析［D］.集美大学，2015.

［72］马晓飞.北京市清洁能源项目发展机制与碳金融研究［D］.首都经济贸易大学，2015.

［73］章淑威.欧盟碳金融衍生品 EUA 与 CER 关联度研究［D］.浙江工商大学，2015.

［74］常娴.贵州低碳经济发展模式研究［D］.贵州大学，2015.

［75］于航.低碳金融产品发行对我国上市商业银行股价的影响［D］.大连理工大学，2015.

［76］矫晓林.低碳经济背景下中国银行业碳金融研究［D］.山东大学，2015.

［77］王燕.我国商业银行碳金融业务法律风险管控研究［D］.中国海洋大学，2014.

［78］曹永函.商业银行碳金融业务创新研究［D］.山东大学，2014.

［79］李富伟.我国碳汇渔业发展的金融激励机制及国际合作研究［D］.中国海洋大学，2014.

［80］徐诗.商业银行支持碳金融发展的模式研究［D］.西北农林科技大学，2014.

［81］曲舒.中国火电企业低碳经济发展研究［D］.哈尔滨工业大学，2014.

［82］李彦霖.中国商业银行开展碳金融的效应分析及对策研究［D］.华南理工大学，2014.

［83］左宇.中国区域碳交易市场的原理及实践［D］.暨南大学，2014.

［84］葛园园.我国碳金融的风险防范研究［D］.郑州大学，2014.

［85］杨帆.甘肃低碳经济发展的金融支持研究［D］.西北师范大学，2014.

［86］徐建波.我国低碳经济发展的金融支持问题研究［D］.南京大学，2014.

［87］徐瑶.中国碳基金发展机制研究［D］.吉林大学，2017.

［88］孙悦.欧盟碳排放权交易体系及其价格机制研究［D］.吉林大学，2018.

［89］李红.构建全国统一的碳金融市场体系研究［D］.首都经济贸易大学，2017.

［90］李琳.基于大气治理视角的我国绿色金融创新发展研究［D］.北京交通大学，2017.

［91］樊艳艳.我国碳金融市场中碳排放权交易价格的影响因素分析［D］.山西财经大学，2017.

［92］王晶.我国商业银行碳金融业务发展研究［D］.山西财经大学，2017.

［93］谢欣.金融支持广西低碳经济发展问题研究［D］.广西大学，2017.

［94］刘宇萍.我国碳金融产品价格影响因素及定价机制研究［D］.华北电力大学，2017.

［95］冯国珍.鄂尔多斯碳金融发展机遇与挑战研究［D］.内蒙古财经大学，2017.

［96］付俊芳.重庆市低碳经济发展的金融支持研究［D］.重庆工商大学，2017.

［97］李倩茹.CDM机制下我国商业银行碳金融业务发展现状及创新方向研究［D］.兰州大学，2017.

［98］江良月.低碳经济背景下我国碳金融发展研究［D］.华南理工大学，2017.

［99］闫咪.清洁发展机制（CDM）下我国碳金融发展研究［D］.天津财经大学，2017.

［100］翁清云.低碳经济的金融支持问题研究［D］.东北财经大学，2010.

［101］关晶晶.中国碳金融政策研究［D］.首都经济贸易大学，2011.

［102］杨丽娜.碳金融交易原理及衍生产品研究［D］.首都经济贸易大学，2011.

［103］赵平飞.欧盟排放权交易体制下碳金融资产定价研究［D］.成都理工大学，2011.

［104］张淼淼.中国碳金融发展模式研究［D］.首都经济贸易大学，2011.

［105］周烨.碳金融发展与我国商业银行业务创新研究［D］.首都经济贸易大学，2011.

［106］刘杨.低碳经济背景下我国碳金融市场研究［D］.江苏大学，2011.

［107］马云涛.我国低碳经济发展的碳金融支持研究［D］.西南石油大学，2011.

［108］李京.我国发展碳金融的法律障碍及对策［D］.天津大学，2011.

［109］劳纯燕.欧美碳金融市场体系研究［D］.浙江工业大学，2011.

［110］陈燕琼.商业银行碳金融风险研究［D］.东北财经大学，2011.

［111］刘辉.欧盟碳金融市场探析及对我国的借鉴［D］.复旦大学，2011.

［112］李孜.我国商业银行碳金融实施研究［D］.西南财经大学，2011.

［113］李春晓.欧美碳金融市场发展分析［D］.吉林大学，2012.

［114］刘亚贞.碳排放权交易市场价格机制研究［D］.浙江大学，2012.

［115］陈星.我国碳交易价格机制研究［D］.安徽大学，2012.

［116］任智云.中国商业银行的碳金融业务模式研究［D］.北京交通大学，2012.

［117］刘玉敏.民营企业发展碳金融研究［D］.江西财经大学，2012.

［118］王利.碳金融交易风险及其防控［D］.吉林大学，2012.

［119］徐扬.安徽低碳经济发展的金融支持研究［D］.安徽大学，2012.

［120］陈文.碳金融法探析［D］.中国政法大学，2012.

［121］贺倩.中国7大碳交易试点的市场发育度评价研究［D］.陕西师范大学，2019.

［122］张宇琦.基于区块链融合碳金融的碳交易模式研究［D］.东北财经大学，2019.

［123］陈淑瑞.商业银行碳金融结构性存款的定价研究［D］.上海师范大学，2020.

［124］王有强.兴业银行碳金融业务的问题及对策研究［D］.石河子大学，2020.

［125］朱亚娜.天津市发展低碳经济的金融支持研究［D］.天津财经大学，2015.

［126］彭婷.基于分形理论的碳金融资产期权定价研究［D］.合肥工业大学，2015.

［127］陶沁.我国商业银行碳金融发展研究［D］.湖北工业大学，2016.

［128］金璐.我国碳金融立法问题研究［D］.吉林大学，2016.

［129］冯一凡.我国碳金融风险的法律防范［D］.西南政法大学，2015.

［130］赵晖.欧盟碳排放交易体系改革及对我国的启示［D］.吉林大学，2016.

［131］王煦楠.碳排放权价格影响因素分析［D］.吉林大学，2016.

［132］董宁.国际碳金融法律规制研究［D］.苏州大学，2016.

［133］张浩.中国碳金融市场研究［D］.中央民族大学，2012.

［134］王永龙.我国碳金融市场发展路径研究［D］.中国海洋大学，2012.

［135］郭晓瑞.后京都时代中国碳金融的发展及其法律路径研究［D］.湖南大学，2012.

［136］刘莎莎.碳排放权交易的法律问题研究［D］.山东大学，2012.

［137］耿烨炜.基于国际比较的我国碳金融发展路径选择研究［D］.中共中央党校，2012.

［138］沈淑娟.基于减排责任共担的碳金融国际博弈研究［D］.湖南大学，2011.

［139］朱娟.我国省域碳金融发展水平研究［D］.湖南大学，2012.

［140］孟文慧．碳金融在中国农业经济发展中的潜力研究［D］.陕西师范大学，2012.

［141］丁丁．中国碳金融市场研究［D］.安徽大学，2012.

［142］高凤．我国商业银行碳金融发展问题研究［D］.山东财经大学，2012.

［143］任晓红．我国商业银行碳金融创新能力评价研究[D].合肥工业大学，2012.

［144］钱辰．中国碳金融发展问题研究［D］.合肥工业大学，2012.

［145］邹兆仪．低碳经济背景下我国碳金融发展的路径研究［D］.河北经贸大学，2012.

［146］刘鸿鑫．基于博弈论的中国碳金融发展研究［D］.湖南大学，2011.

［147］刘嘉夫．CDM 视角下中国碳金融市场对地区经济结构影响研究［D］.东北师范大学，2012.

［148］赵园园．天津碳金融市场体系构建问题研究［D］.天津财经大学，2012.

［149］韩琳慧．我国碳金融市场研究［D］.首都经济贸易大学，2010.

［150］牛慧．碳金融发展的国际比较及对我国的启示［D］.北京交通大学，2011.

［151］李博．碳金融对产业结构调整的影响机理分析［D］.吉林大学，2011.

［152］申文奇．欧盟碳金融市场发展研究［D］.吉林大学，2011.

［153］黄飞鸿．基于欧盟碳排放贸易体系的碳金融衍生品定价研究［D］.广东商学院，2011.

［154］张玥．我国碳金融定价机制研究［D］.天津财经大学，2011.

［155］冯志高．发达国家碳金属体系发展实践及对我国的启示［D］.河北大学，2011.

［156］贾莹．我国商业银行低碳金融业务发展策略研究［D］.河北大学，2011.

［157］王翔．中国碳金融市场波动风险测算研究［D］.西安科技大学，2020.

［158］周志兰．四川省碳金融与低碳农业耦合发展研究［D］.西华大学，2020.

［159］白羽洁．绿色金融发展及其经济环境影响分析［D］.中国社会科学院研究生院，2020.

［160］刘晖．中国碳金融交易市场价格波动风险测度研究［D］.华北电力大学，2019.

［161］道文静．基于 VAR 模型的中国碳金融交易价格影响因素分析［D］.

河南大学，2019.

［162］曾石安．碳金融的环境治理效应研究［D］.湘潭大学，2019.

［163］汪杰．碳金融对于经济增长质量的影响研究［D］.山东大学，2019.

［164］张会君．碳金融助推深圳绿色经济发展研究［D］.青海大学，2019.

［165］秦芳菊．绿色金融的法律规制研究［D］.吉林大学，2020.

［166］付宇超．我国多层次碳金融监管制度研究［D］.云南财经大学，2016.

［167］张鸥．碳金融在我国发展的研究与建议［D］.首都经济贸易大学，2016.

［168］颜亚如．中国西部地区金融发展对碳排放的影响研究［D］.昆明理工大学，2016.

［169］陈伟杰．中国商业银行碳金融业务风险研究［D］.广东财经大学，2016.

［170］卢灿．我国商业银行碳金融业务风险管理研究［D］.华北电力大学，2016.

［171］宋景佳．东北地区商业银行碳金融业务发展机制研究［D］.哈尔滨理工大学，2016.

［172］易长幸．国际碳金融体系下的中国气候外交研究［D］.湖北大学，2016.

［173］高云龙．促进低碳经济的金融体系转型升级研究［D］.对外经济贸易大学，2016.

［174］周卫锋．我国碳金融体系构建研究［D］.吉林大学，2010.

［175］王静．我国商业银行低碳金融战略的实施研究［D］.山东大学，2010.

［176］刘潇．中国商业银行发展碳金融业务研究［D］.北京交通大学，2010.

［177］朱伊俐．我国碳金融市场效率的评价［D］.上海外国语大学，2019.

［178］马玉秀．甘肃绿色金融发展研究［D］.兰州财经大学，2019.

［179］李哲．CDM视角下中国碳金融发展水平对产业结构调整的影响［D］.山东大学，2019.

［180］袁丁．欧盟碳金融市场发展探究及对我国的经验借鉴［D］.中国社会科学院研究生院，2019.

［181］邱谦．中国区域碳金融交易市场的风险研究［D］.华南理工大学，2017.

［182］方天舒．西部各省碳金融的发展水平探究［D］.陕西师范大学，2017.

［183］杨博文．气候融资视角下国际碳金融法律制度研究［D］.天津财经

大学，2017.

［184］陈宇帆.供应链碳金融下的企业竞争与合作［D］.华南理工大学，2017.

［185］拜茜.碳金融市场波动及风险管理研究［D］.天津工业大学，2018.

［186］王欣欣.陕西省碳金融市场构建研究［D］.西北农林科技大学，2018.

［187］刘洋.我国区域碳金融发展水平测度与影响因素分析［D］.兰州大学，2018.

［188］郑文灏.地方绿色金融发展路径研究［D］.南京审计大学，2018.

［189］薛睿.中国低碳经济发展的政策研究［D］.中共中央党校，2011.

［190］李珊珊."巴黎协议"下中国低碳金融交易市场建设研究［D］.西安工业大学，2018.

［191］曹先.我国碳金融交易市场及其收益波动率研究［D］.海南大学，2018.

［192］王旭阳.中国碳金融市场有效性评价研究［D］.华北电力大学，2018.

［193］元岳.区域金融发展与能源效率的动态关系研究［D］.山西财经大学，2018.

［194］黄育容.绿色信贷对中国商业银行经营绩效的影响研究［D］.哈尔滨工业大学，2018.

［195］杨巧琳.商业银行碳金融理财产品收益风险分析［D］.合肥工业大学，2018.

［196］王伟军.我国商业银行碳金融业务风险评价研究［D］.燕山大学，2018.

［197］陈超逸.绿色金融对宏观经济的影响及碳税合理性水平研究［D］.华东理工大学，2017.

［198］云坡.考虑高阶矩属性风险传染的碳金融资产定价研究［D］.合肥工业大学，2020.

［199］路京京.中国碳排放权交易价格的驱动因素与管理制度研究［D］.吉林大学，2019.

［200］张旭.碳货币的研究［D］.吉林大学，2019.